楽しみながらステップアップ
論理的思考力が6時間で身につく本

最好玩的
邏輯思考練習本

數獨、填字、謎題 的遊戲玩家，
簡報、提案、談判、寫文章 一樣上手

北村良子 著　郭書妤 譯

「我不擅長這種問題。」
「我不知道從哪裡開始思考。」
「我超不想動腦。」
大家是不是有過這種想法呢？
就算你有這種想法也完全沒關係。

看完本書後，你應該就能毫不遲疑地解開這樣的問題。
順帶一提，這個問題的解法如下：
首先假設「A說謊」，以此為前提思考看看。
如此一來，就會變成「D也在說謊」。
由於問題寫明「有一個人說謊」，所以「A說謊」的假設並不正確。
以這種方式思考，就能明白答案為B。

「邏輯思考」並沒有那麼複雜。
只要閱讀本書，一定就能明白「邏輯思考的樂趣」。
然後，學會邏輯思考的你，自然而然就能產生以下的感受吧！

上台簡報時，能說明得簡單易懂了！
能把報告統整得有條有理了！
能將想法整理清楚了！

任何人都能擁有邏輯思考力！

你現在有沒有這種煩惱？

即使程度輕微，只要你覺得自己不擅長這些事情，這本書一定會對你有所助益！

舉個例子：

問題 **以下這些人當中，有一個人說謊。請問說謊者是誰？**

- A　D沒有說謊
- B　我吃得下20塊麻糬
- C　學生時期我去過20個國家
- D　我沒有說謊
- E　C很誠實

「邏輯思考」如此實用又有趣——前言

「過去，我對邏輯思考敬而遠之，但是讀了這本書以後，我明白了思考的樂趣，不太需要煩惱就能整理出自己的想法！」

「我以前沒看過這種書，不過讀了這本書以後，我會開始注意自己的表達方式，後來在說話時就沒有人要我再重說一遍了！」

「超文組的我也能順暢地讀完這本書。工作上需要寫文件時，其他人都會說『你寫的文章變得很好懂』！」

託大家的福，我的著作《鍛鍊邏輯思考力的33種思考實驗（暫譯）》（彩図社出版）獲得廣大迴響。

尤其在開頭舉出的那類感言相當多，對於書中收錄的思想實驗（thought experiment）問題，也有讀者表示「這是我第一次看懂這種問題」。

我認為其背後因素應該是我的職業——謎題作家。

過去，我以謎題作家的身分設計了好幾萬個各式各樣的謎題。

每次設計謎題時，我最重視的都是要怎麼樣才能讓大家開心解題。

謎題的答案與解說必須能讓所有人認同。若不如此，解完謎題後的感覺會很差。

謎題本來就是由以下流程所構成：「有一個問題。然後就結論而言，答案是這個。答案之所以如此，則是因為○○。」我想只要讀者解答本書的問題就能了解，那些問題都與解說完美連結。

我認為「以簡明易懂的方式講解問題與結論」這樣的謎題設計方式，與邏輯思考力密切相關。

或許有人聽到「邏輯思考」就會忍不住感覺棘手。

世上有人擅長邏輯思考，也有人比較擅長以感覺（莫名的感受）掌握事物。

但是，商業界有許多事情無法僅憑感覺去克服。

尤其在書寫文章或以言語傳達某件事時，光憑感覺是不可能順利的。

如果無法以具有邏輯的方式傳達，就無法確實地讓對方明白所言，進而造成誤解或理解不足。

本書為了那樣的讀者用心準備，盡量以簡單易懂又能在短時間內理解的方式解說邏輯思考的訣竅。

第一章將帶讀者認識「邏輯思考」到底是什麼，從基礎複習起步。

第二章將解說「依據事理去思考」的訣竅。我將之設計成讀者只要跟著例題一起閱讀，自然就能把訣竅輸入腦袋。

第三章將闡明能「確實理解」事物的訣竅。所謂的理解並不是單純死背。本章會讓讀者熟練在第二章所學到的內容，使自己的話語展現力量。

第四章則是輸出在前面學到的內容，也就是討論「以簡單易懂的方式傳達想法」的訣竅。

為了讓讀者能用有趣的方式習得邏輯思考力，我還在各章準備了問題。

全部讀完以後，讀者應該就能想像自己有條理地說話，並能寫出具邏輯性的文章。

請你也來了解一下「邏輯思考」的奧妙。

你一定會逐漸發生改變。

那麼，接下來我們就進入正文吧！

北村　良子

第三章 確實理解

用自己的話語清楚整合的訣竅

第四章 以簡單易懂的方式傳達想法

對任何人都能確實說明的訣竅

排版設計：ISSHIKI／DIGICAL
插畫、謎題製作：北村惠子

本書的使用方式

本書由正文、邏輯思考的要領、問題以及附加謎題所構成。

①首先請一頁頁閱讀正文與邏輯思考的要領。

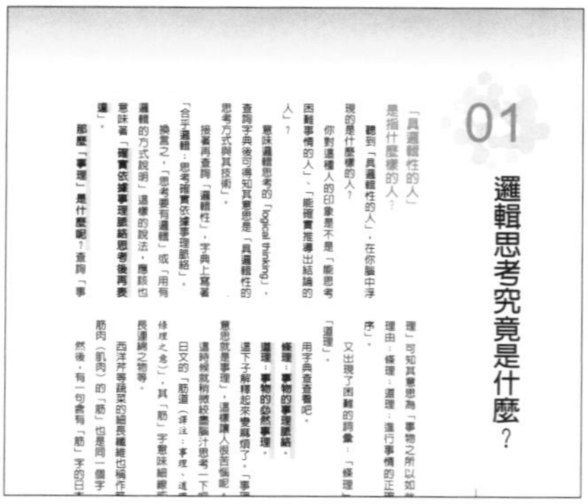

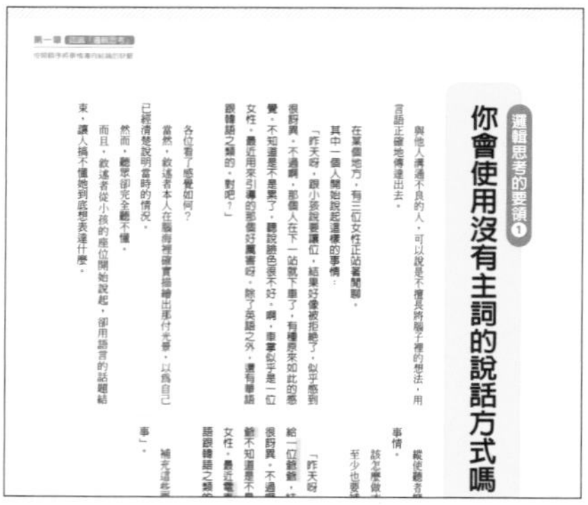

②實際嘗試解題。

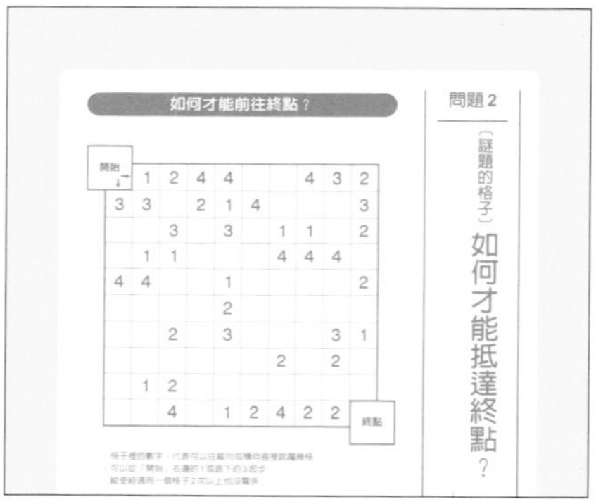

※原文書名《論理的思考力が6時間で身につく本》提到的「6小時」，是全書問題所需思考時間的合計數。

③請嘗試解開附加謎題。

就算你認為「我不會邏輯思考」，也不必擔心。

只要能用解謎題般的感覺翻閱內容，不善邏輯思考的想法應該就會消失，而且還能體驗其中的樂趣，不知不覺中變得善於邏輯思考。

第一章

認識「邏輯思考」

按照順序將事情
導向結論的訣竅

01 邏輯思考究竟是什麼？

——先重新學習基礎吧①

「具邏輯性的人」是指什麼樣的人？

聽到「具邏輯性的人」，在你腦中浮現的是什麼樣的人？

你對這種人的印象是不是「能思考困難事情的人」、「能確實推導出結論的人」？

意味邏輯思考的「logical thinking」，查詢字典後可得知其意思是「具邏輯性的思考方式與其技術」。

接著再查詢「邏輯性」，字典上寫著「合乎邏輯：思考確實依據事理脈絡」。

換言之，「思考要有邏輯」或「用有邏輯的方式說明」這樣的說法，應該也意味著「**確實依據事理脈絡思考後再表達**」。

那麼「事理」是什麼呢？查詢「事理」可知其意思為「事物之所以如此的理由；條理；道理；進行事情的正確順序」。

又出現了困難的詞彙：「條理」及「道理」。

用字典查查看吧。

條理：事物的事理脈絡。

道理：事物的必然事理。

這下子解釋起來變麻煩了。「事理的意思就是事理」，這樣讓人很苦惱呢。

這時候就稍微絞盡腦汁思考一下吧。

日文的「筋道（譯注：事理、道理、條理之意）」，其「筋」字意味細線或細長連綿之物等。

西洋芹等蔬菜的細長纖維也稱作筋。筋肉（肌肉）的「筋」也是同一個字。

然後，有一句含有「筋」字的日本慣用語是「筋を通す（譯注：前後貫通、合乎道理之意）」。

這句話有「從頭貫徹到尾」的意思。

確實地構築思考

若要為邏輯思考的意思做個整理，應是「按照次序確實地思考『為什麼會是這樣』、『為什麼會變成這樣』，以求從頭到尾徹底理解」。

我們平常接觸到的「邏輯性」，是指具邏輯性的文章或說明。

也就是說，能夠進行邏輯思考的人可以寫出具邏輯性的文章，或是進行具邏輯性的說明。

讓自己能順利表達事情的必要技巧

事理分明，簡單易懂

這是
這麼回事
也就是這樣……
結果就是這樣

如果思考不具邏輯性，事情的表達就會變成這樣：

意義不明，脫離主題

這是
這樣……
啊、話說回來……
剛才是在表達什麼內容？

跳過重要的部分（自己以為已經傳達出去了）

這是
這樣……
這樣……
因為是這樣……
就是這樣對吧？
遺漏了必須要傳達的事情
遺漏了能讓事情變得簡單易懂的元素

話題突然轉往別的方向

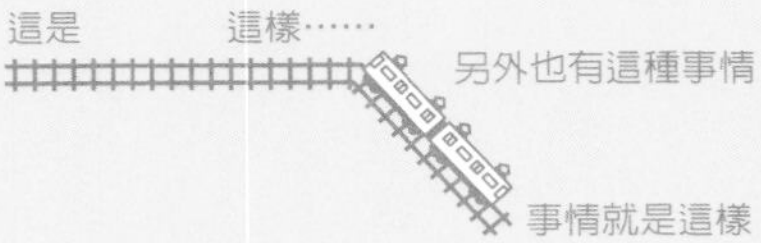
這是
這樣……
另外也有這種事情
事情就是這樣

表達的順序很奇怪

這是
這樣……
這樣……
因為是這樣……
已經表達過了
不在前面先表達就會讓人搞不懂

換言之，商業人士的必備技能是……

- 書寫文章時能夠準確說明事物
- 能將事情以簡單易懂的方式傳達給他人

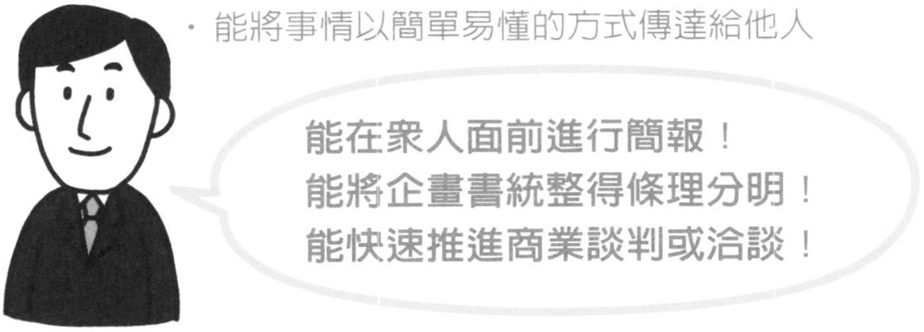
能在衆人面前進行簡報！
能將企畫書統整得條理分明！
能快速推進商業談判或洽談！

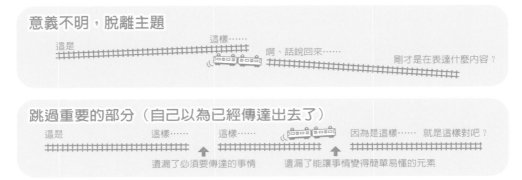

02 具邏輯性的文章與說明所具備的特徵

——先重新學習基礎吧②

「邏輯性」的七項特徵

具邏輯性的文章與說明具備什麼樣的特徵？

我認為大概是以下這幾項：

（1）簡單易懂
（2）具有順序性
（3）沒有矛盾之處
（4）沒有重複或遺漏之處
（5）有條不紊

還有，以下也是其特徵。

（6）有具體的數據或事例
（7）對於問題所下的結論與其理由都很明確

或許你會感覺很難，但是只要試著慢慢去注意這些地方，你的文章與說明理應會有所改變。

給有這些煩惱的人

你有什麼樣的煩惱？

如果你對於無法進行邏輯思考而感到苦惱，那麼你一定有以下這樣的煩惱吧。

- 經常被要求「好好想一想」
- 不知道思考的方法
- 有時候會溝通不良
- 無法把想說的事情或主張傳達給他人
- 經常被說「你講的話很難懂」
- 無法在腦中整理思路。不擅長整合
- 不擅長質疑
- 將所有資訊照單全收
- 總是在講抽象的事情
- 工作理解力差
- 聽不懂他人說的話或看不懂書中的內容
- 不擅長比喻
- 無法好好安排工作順序

如果無法運用邏輯思考，就會碰到這樣的困擾。

但是無須太擔心。**因為邏輯思考力，隨時都可以開始練習。**

人腦擁有良好的機制。

科學家現在已經知道不論是用以思考事物的額葉（frontal lobe），或是攸關記憶的海馬迴（hippocampus），都可以透過「運用」去提升其能力，這些能力一生都能繼續成長。

可想而知，邏輯思考力也一樣能夠一輩子持續成長。

邏輯思考的要領 1

你會使用沒有主詞的說話方式嗎？

與他人溝通不良的人，可以說是不擅長將腦子裡的想法，用言語正確地傳達出去。

在某個地方，有三位女性正站著閒聊。

其中一個人開始說起這樣的事情：

「昨天呀，跟小孩說要讓位，結果好像被拒絕了，似乎感到很訝異。不過啊，那個人在下一站就下車了，有種原來如此的感覺。不知道是不是累了，聽說臉色很不好。啊，車掌似乎是一位女性。最近用來引導的那個好厲害呀。除了英語之外，還有華語跟韓語之類的。對吧？」

各位看了感覺如何？

當然，敘述者本人在腦海裡確實描繪出那付光景，以爲自己已經清楚說明當時的情況。

然而，聽眾卻完全聽不懂。

而且，敘述者從小孩的座位開始說起，卻用語言的話題結束，讓人搞不懂她到底想表達什麼。

縱使聽者擁有極佳的理解能力，也幾乎無法理解她所講述的事情。

該怎麼做才能讓整件事情變得清楚易懂？

至少也要補上事發地點及主詞（誰）等不小心省略的要素。

「昨天呀，鄰居太太搭電車的時候，跟自己的小孩說要讓位給一位爺爺，結果好像被那位爺爺拒絕了，鄰居太太跟小孩似乎很訝異。不過啊，那個人在下一站就下車了，原來如此。那位爺爺不知道是不是累了，據說他臉色很不好。啊，車掌似乎是一位女性。最近電車裡的語音導引好厲害呀。除了英語之外，還有華語跟韓語之類的。對吧？」

補充這些要素之後，各位應該能了解「啊，原來是這麼一回事」。

並不是有誰去拜託小孩，希望小孩把位子讓出來，而是那位母親要自己的小孩讓位給站著的高齡者。

如果只是憑感覺說話，將事情傳達給他人時，就會不小心描述成完全不一樣的內容，這種情況相當常見。

一般人絕對不會認爲，會這樣省略主詞說話的人還能運用邏輯性思考吧。

別人應該會覺得「這個人說的話好難懂」。

如果你也擔心「自己說話是不是很難懂」，只要在腦中稍微整理一下再開口，給他人的印象應該就會完全不同。

那麼，剛才提到的對話，重新加入地點與主詞以後，就會變成具邏輯性的文章了嗎？

「昨天呀，隔壁鄰居的太太搭電車的時候，跟自己的小孩說要讓位給一位爺爺，結果好像被那位爺爺拒絕了，鄰居太太跟小孩似乎感到很訝異。不過啊，那個人在下一站就下車了，於是有一種『原來如此！』的感覺。那位爺爺不知道是不是累了，據說臉色很不好。唉，我們也差不多到了會有人讓座的年紀。你們有沒有想過，如果有人讓座的話，我們該怎麼辦？」

由於這原本就是日常對話，所以都是自然聊出來的內容，即使如此，對話開頭與結尾的內容要是差太多，聽眾們就會覺得很累。

至少也要把車內廣播的部分去除，聽眾才會比較容易理解。

人們在講述某件事時，腦袋裡會浮現整件事的光景，所以在說話時，往往會產生已經把所有狀況確實傳達給對方的錯覺。

不過，倘若自己省略了事情的先決條件，或者描述順序跳來跳去、事發經過顛倒錯亂，又或者說話沒有主詞的話，那就無法如預期將事情準確傳達給他人。

比方說，如果看著一張照片，盡量正確地傳達照片裡的所有物，那麼該怎麼描述呢？

用話語向他人傳達事情，比想像中還要困難。

請你平時也試著留意一下吧。

不只是商業場合，就算是日常對話，我們也要有意識地採用易於理解的方式傳達給他人，只要這麼做就可以練習邏輯思考。

邏輯思考的要領❷

用理性的方式說話就一定正確嗎？

「說話要避免感情用事，並維持理性」，這是正確的指示嗎？來看看下面的例子吧。

假設有一對夫妻打算在退休前找到兩人共同的興趣。

丈夫：「我們應該要把什麼當作興趣？我想要用理性的方式討論，並盡可能找到正確答案。」

妻子：「桌球怎麼樣？可以兩個人一起打，還能當作運動。」

丈夫：「對於桌球，我有三個問題……，首先是有沒有可以打桌球的場地？第二，這是有效率的運動嗎？第三，桌球無法創造收入，這樣也可以嗎？」

妻子：「因為是興趣，所以只要玩得開心不就好了？」

丈夫：「不要只用感性的想法去選擇，而是要想想，我們能享受桌球的樂趣並持續下去嗎？要花多少錢？先想好再選擇才行。」

妻子：「不先做做看怎麼知道。那麼健走怎麼樣？」

丈夫：「健走啊……健走當然不具備收益性，還會受天氣影響，而且比起興趣，健走更有可能變成每天的慣例運動吧。」

妻子：「如果想要收益性的話，那要不要開一個部落格？」

丈夫：「部落格需要點擊數。如果想要增加點擊數，就需要吸引人的文章，必須持續撰寫有一定長度的文章。說到收益性就想開部落格，妳把經營部落格想得太簡單了。」

妻子：「不試試看怎麼知道?!那我問你，能運動、有收益及開心享受，哪個比較重要？我認為開心是最重要的。」

丈夫：「我是理性的綜合判斷。」

丈夫想要用理性思考事情，妻子則提出許多建議，想要憑感覺決定興趣。

其實，在這一段對話中，感情用事的人其實是丈夫吧。「理性的人很冷靜」是常有的錯誤認知。

當你認為「自己明明用非常理性的方式說話，但對方卻沒有共鳴」，這時請試著從客觀的角度檢視自己，自問：「有沒有把自己的意見強加給對方？」

03 用三段論法思考

從兩個前提推導至結論

倘若希望說話有邏輯或寫出條理分明的文章時，「三段論法（syllogism）」是經常被提到的方式。

三段論法的結論推導方式是「A＝B，由於B＝C，所以A＝C」。比方說，「向日葵是花。花會枯萎。也就是說，向日葵會枯萎」。

大前提：向日葵是花
小前提：花會枯萎
結論：向日葵會枯萎

在這種情況下，如果大前提與小前提有誤，就會推導出錯誤的結論，所以必須多加注意。

舉個例子，「吃了巧克力就能變成不死之身。我昨天吃了巧克力，也就是說，我變成了不死之身」。由於大前提中的「吃了巧克力就能變成不死之身」是錯誤的事實，所以導出了偏離事實的結論。

大前提：吃巧克力就能變成不死之身
小前提：我吃了巧克力
結論：我變成了不死之身

接著，我再多介紹一點。

「今天是○月△日星期三。天氣舒適晴朗。這種日子讓我想到附近的公園享受散步的樂趣，但是我不能忘記向公司請假的目的。

最近一直覺得身體不舒服，所以我要去附近的×○內科就診。希望問個診、做個抽血檢查就能找出身體不舒服的原因。不過，當我告訴家人要去×○內科時，家人回了我意料之外的話。

『可是星期三公休耶。』

我大受打擊。」

為什麼「我」會大受打擊？試著用三段論法思考看看吧。

大前提：今天是星期三
小前提：×○內科的公休日是星期三
結論：今天×○內科公休

雖然那一段文章沒有寫出結論的部分，但是只要有大前提與小前提，就能推導出結論。像這樣導出結論的方法，就是三段論法。

所謂三段論法

「A＝B，由於B＝C，所以A＝C」
「向日葵是花。花會枯萎。也就是說，向日葵會枯萎」

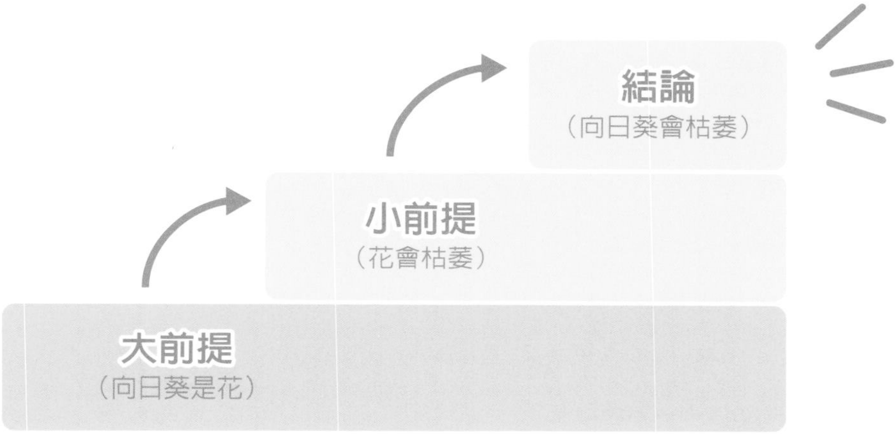

以下的三段論法何處有誤？

例題

大前提：今年邏輯資格考試的日期是2月20日（週二）
小前提：考試要花上一整天，所以邏輯資格的考生必須請假。
結　論：2月20日請假的橋本是去參加邏輯資格的考試

解說

從大前提與小前提可知報考邏輯資格的人非得在2月20日請假。但是就算2月20日請假，也不一定是去參加邏輯資格的考試。說不定橋本是為了享受滑雪而休假。

請參考例題，試著寫出正確的三段論法吧

大前提：A子在邏輯餐廳吃了飯
小前提：（　　　　　　　　　　　　）
結　論：A子懂得餐桌禮儀

解答範例 在邏輯餐廳用餐的所有人都懂得餐桌禮儀

問題1

〈APP開發〉為什麼「會認為好像很好用」？——思考「歸納法」

25分鐘

當一款新APP蔚為話題

大家如此談論「ScheSche3」

女同事

這個叫作ScheSche3的日程表APP很好用～

藝人在電視上說……

我用ScheSche3！它比SukeSuuke2更方便輸入，超讚的
我也在用！這個很棒呢

幾天後，雜誌的這個頁面吸引了你的目光。

現正流行的行事曆類APP——ScheSche3！

前面介紹的三段論法，是「演繹法」這種推論法的代表性例子。

本節要介紹的「歸納法」，是與演繹法對立的推論法，這種方法是用複數事例去驗證假說。

舉例來說，「自己蒐羅了別人對蛋糕店A的評價，並發現三十個人之中有二十五個人說很好吃」，於是便推論：「那麼我應該也會覺得好吃吧」。

現在，假設某個對話的主題是新款APP「ScheSche3」推出了。

請見上面的對話。

看完後，你對「ScheSche3」的印象是什麼？

能夠像這樣發表提案

倘若以歸納法提案

日程表APP「ScheSche3」現正熱銷。聽說手帳日誌在書店及附近的雜貨選物店都是暢銷商品。

似乎越來越多人在寫手帳日誌時，會運用各種豐富的顏色唷。

有一項以四百人為對象的問卷調查，發現寫手帳日誌時運用三種顏色以上的人有百分之五十五！

「ScheSche3」有能夠使用多種色彩的功能，這似乎也是它備受歡迎的原因。總而言之，我們要不要把手帳及四種顏色的筆搭配一起賣呢？比方說粉紅色用來記錄生活、藍色記錄工作、綠色記錄個人興趣，橘色則是其他預定事項。

這個問題的思考方式

看了右頁的對話後，大家應該會推測「這是一款出色好用的APP」。

如果只是聽到女同事的感想，印象應該只是「這是一款好APP」。

但是，每當資訊來源增加，自己對於「ScheSche3」的信任程度也會跟著提升。

就像這樣，看見或聽聞各式各樣的資訊後，你得到了『ScheSche3』好像很棒」的結論。

這就是運用歸納法的推論。

此外，歸納法還能運用在提案上，例如：「我知道有些文具店在店內的顯眼處擺放手帳日誌，後來還成為暢銷商品，所以也打算提案，在自己店裡設置一個手帳日誌專區。」像這種情形，就能一如上圖這樣來提案。

04 歸納法與演繹法各有優缺點

歸納法與演繹法各自有什麼樣的優缺點？

歸納法的優缺點

歸納法的優點

- 只要能蒐集到大量的素材，就能擁有相當程度的說服力。
- 只要能蒐集到「結果變成這樣」的事實證據就能夠使用，能讓歸納結果具有說服力。
- 一般多會利用問卷調查等統計結果，可以在短時間內完成歸納。

歸納法的缺點

- 推導用的素材若有偏頗，那就只會得出偏頗的推論。
- 推導用的素材若是太少，可信度就會降低。
- 不論蒐集再多資訊，也無法保證其正確性。
- 所有推導出來的結論，只不過都是「大概」的推測。
- 有許多推論需要想像力。

演繹法的優缺點

演繹法的優點

- 只要前提正確，推導出來的結論也是正確的。
- 運用具備普遍性的事實，所以擁有高度的說服力。
- 大多可以用簡單易懂的方式表達，

演繹法的缺點

- 由於是累積事實的推論法，所以難有自由發想的想法。
- 如果不小心使用不正確的前提，就會推導出錯誤的答案。
- 能保證絕對正確的前提本來就不好找。
- 只要發現一個例外，結論的正確性就會消失。
- 由於要一個一個地累積事實，所以大多非常耗時。

實際上，大多數情況都是演繹法與歸納法混用並交互思考，而沒有何者比較好用之說。

了解歸納法與演繹法個別的優缺點吧

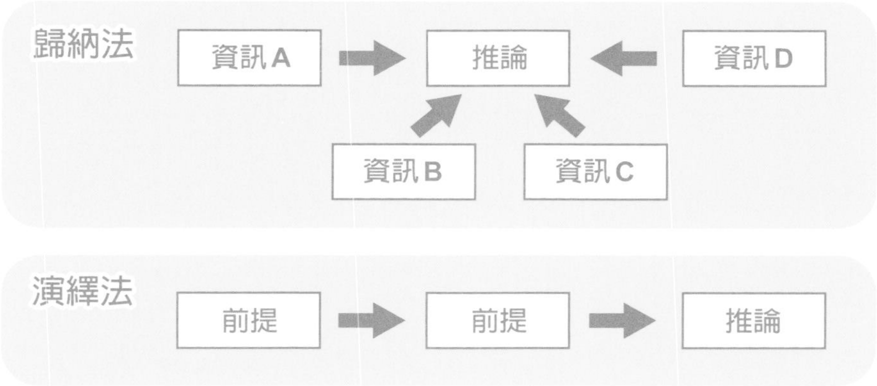

該如何才能說服社長？

你是一家小公司的員工。
這家公司的官方網站由員工在工作空檔時製作，做出來的樣子就算再怎麼奉承也稱不上好，那種程度看起來就像是第一次製作的個人網站。
你想強調網站的重要性，但是原本就忽視網站經營的社長，一直沒有表示要改善。

請嘗試用演繹法向社長傳達網站的重要性

大前提：設計感出色的網站容易獲得消費者的信賴
小前提：能獲得消費者信賴的網站，＿＿＿＿都很多
所以，為了提升我們公司網站的＿＿＿＿，必須要改造網站（結論）

解答範例 （由上而下）網站訪問人數、設計感

接著，請嘗試用歸納法向社長傳達網站的重要性

- 使用者已經看慣了漂亮的網站
- ＿＿＿＿

所以，我們公司的網站必須修改得更漂亮

解答範例
- 競爭對手A公司的網站很漂亮，網站訪問人數頗多。
- 競爭對手B公司刊登網路廣告，使網站訪問人數持續增加。
- 競爭對手C公司最近更換設計，讓網站煥然一新。
- 受消費者信賴的企業都擁有設計感出色的網站。

05 將歸納法與演繹法完美結合

預想未來

我們也可以把運用歸納法得到的結論當作演繹法的前提，一如以下的例子去預想未來。

「最近有很多電視節目都是以健康為主題呢。尤其有許多節目的觀點結論都表示健走是重點，你有注意到嗎？說到這個，我上次看到一對老夫妻在附近健走。健走似乎對大腦也很有益處。啊，換句話說，健走今後也會備受矚目吧。開始健走的人會不斷增加喔！」

資訊1：許多電視節目的觀點結論都是「健走有益健康」
資訊2：在附近看到老夫妻正在健走
結　論：健走今後也會備受矚目

就像這樣，從歸納法可以推導出「開始健走的人不斷增加」的結論。

接下來，開始運用演繹法。

「開始健走的人今後會不斷增加。除了鍛鍊身體，健走的人應該也想要鍛鍊大腦。因為事實就是如此。如果有一種商品能結合計步器與大腦刺激視覺化的穿戴式裝置，就會很暢銷喔。」

大前提　健走對身體與大腦都有益
小前提　開始健走的人不斷增加
結　論　具備大腦刺激視覺化功能的計步器會很暢銷

用歸納法得出的「開始健走的人不斷增加」，變成演繹法所使用的小前提。

好好運用這兩個方法

如果「開始健走的人不斷增加」是正確的，那麼「具備大腦刺激視覺化功能的計步器會很暢銷」一定會具體化吧。

就像這樣，我們不必把演繹法與歸納法分開使用，而是好好同時運用，並以具邏輯性的方式重複推論。

這樣思考就很容易懂

歸納法

當你知道以下資訊，請問減少經費支出的要領何在？

・社長每天都會帶2～3名員工出去洽商開會
・社長非常喜歡吃鰻魚
・每次往返的交通費為660日圓
・一趟交通費330日圓就能到的UNA車站，有許多著名的鰻魚餐廳
・開完會回來的員工似乎全都吃得很飽
・開會內容永遠是「討論公司的未來」

從這些資訊可以推導出什麼？

解答範例 社長一定會去UNA車站跟員工一起吃鰻魚

演繹法

請以演繹法推論並填寫

・經費支出太多（大前提）
➡ 開會次數異常多，導致經費支出增加
➡ 開會次數之所以很多，是因為社長每天都開會
➡ ①
➡ ②
➡ ③
➡ 向社長詢問詳情應該就能減少經費支出

解答範例 ①社長每天都會前往同樣的車站（UNA車站）
②車站裡有著名的鰻魚餐廳
③社長一定會去吃鰻魚飯

問題2

〈謎題的格子〉如何才能抵達終點？

——思考「另一邊」

15分鐘

時常有人說「試著逆向思考吧」或「從目標往回推算吧」等等。

這到底是什麼意思？

接下來，我要問各位問題。

上面有一個數字遊戲。

格子裡的數字，代表可以往縱向或橫向跳躍幾格。

請從「開始」起步前進，並以剛好的數字抵達終點。

這個數字遊戲的格子數量頗多，看起來似乎很難，不過，選擇從「開始」或「終點」展開行動，其難易度會有所不同。

如何才能前往終點？

開始 ↓→	1	2	4	4			4	3	2
3	3		2	1	4				3
		3		3		1	1		2
	1	1				4	4	4	
4	4			1					2
				2					
		2		3				3	1
						2		2	
	1	2							
		4		1	2	4	2	2	終點

- 格子裡的數字，代表可以往縱向或橫向直接跳躍幾格
- 可以從「開始」右邊的1或底下的3起步
- 縱使經過同一個格子2次以上也沒關係

不從「開始」起步也沒關係

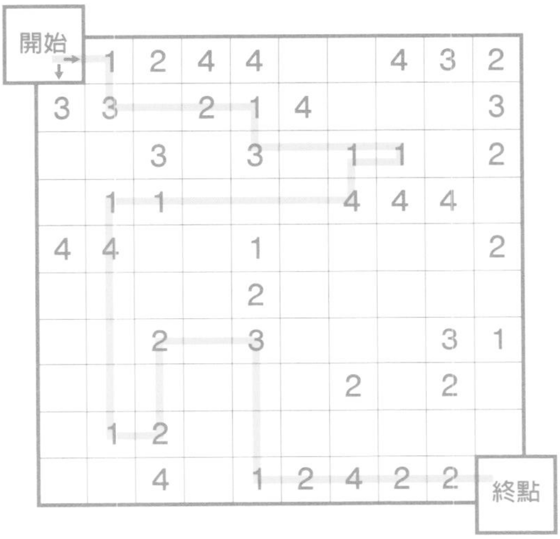

這個問題的思考方式

由於主題是「從另一邊開始思考」，也許很多人打算「馬上就從終點開始摸索路線前進吧」。

以這個數字遊戲來看，要從「開始」前進？還是從「終點」往回走？哪一種方式比較容易？

如同各位的想像，這道謎題的設計完全是從「終點」往回走會比較容易完成。

如果從「終點」摸索路線往回走，只要思考「從哪一格跳躍才能抵達現在這個格子」，就能毫不煩惱地往「開始」前進。

這就是逆向思考方式。

各位可以這樣思考：「如果要往終點前進，必須是C的狀態。為了變成C，必須先是B的狀態；為了變成B，又非得先是A的狀態。要到達這一格的話，應該要跳這麼多格吧。就現在的狀態來看，要變成A的話需要什麼呢？」

06 從目標往回推算

訂定期限

以下為從最終目標開始思考的例子。

某天，町內會（譯注：町內會爲日本的社區組織）經過商討，最後決定要在公園舉辦活動。

由於大家還沒決定好要辦什麼樣的活動，所以，衆人先開始思考具體要做的事情。

不過要是沒頭沒腦地討論，可能就會變成「下週再繼續討論」，這樣會耗費許多時間。

在這種時候，從最終目標往回推算比較能釐清要做的事情有哪些。

「到活動當天之前有兩個月的時間。準備工作需要三週，在準備期間的一週前，必須決定好作為主辦方參與活動的店家與團體。為了達成這一點，我們必須在決定期限的兩週前用傳單與傳閱板告知。所以從現在開始的兩週後，要在會議上決定好活動主題。為了到時能做好決定，我們各自去詢問大家想要辦什麼活動吧。」

如此一來，活動當天之前的流程就變得清楚易懂，大家也比較能夠知道要採取什麼行動。

另外，訂定好期限能明確釐清「**在何時之前要做些什麼**」，讓準備作業能夠順利進行。

如果完全不從最終目標往回推算，說不定事態會發展成「明明只剩下一個月就要舉辦活動了，卻什麼都還沒決定」。

產生餘裕

「只要一心一意地做事並累積成果，之後自然就會達成目標」，採用這種工作方式的人，跟上述那些完全不從最終目標往回推算就在準備活動的人一樣，很容易陷入「啊……已經來不及了，怎麼辦？」的狀況。

只要設定「**做到何時**」的期限，並往回推算「**該怎麼做才能趕在期限之前完成**」，理應能從容地完成工作。

這樣設定最終目標

屬下A

A公司要成立一個新的「命名徵求網站」。
他們似乎在尋找製作公司，我們公司也想報名爭取。
競爭對手盡是些厲害的同業。預計兩週後要開會。
我該怎麼做？

好，那就馬上著手進行吧。
命名徵求網站的名字就取作「NE-MIN」如何？
加上老鼠的吉祥物角色……像嚕嚕米那樣？這樣不錯喔。
用流程圖統整程式設計的流程吧。這很花時間呢。

13天後

終於統整好啦？我看看。因為競爭對手盡是些厲害的公司，所以關鍵在於我們獨有的強項啊！不需要這種敷衍的吉祥物角色！我沒有要你把詳細的程式設計流程也做出來，那是接到案子以後才要做的事吧！而且還做得虎頭蛇尾。真是沒救了！

為了避免讓情況變成這樣，該怎麼做才好？

「在什麼時候之前」要「做什麼」？

至少要在 ＿＿ 天後的期限之前把資料全部統整好，並向上司報告。希望有 ＿＿ 天的時間去統整資料。為此要花 ＿＿ 天掌握大致的整體狀況，並在 ＿＿ 天以前決定好大概需要的人數與作業時間，寫出3～5個關於我們公司的關鍵魅力，＿＿ 天後在公司內部進行討論吧。

解答範例 （從前面數來）12、5、3、5、7

問題3

〔簡報〕為什麼想法無法順利傳達？——思考「理解」

20分鐘

接著，從以下的例題思考「理解」這件事吧。

某家杯裝速食麵製造商推出新商品「懷舊醬油口味拉麵」，然而銷售成績不如預期，公司便開會討論「該如何使之成為暢銷商品」。

A為了讓問題點簡潔清晰而將之統整為四點，並且為了讓發表盡量簡明易懂而用心準備，最後他的簡報如同左頁。

如果你參加了這場會議，針對這份簡報，你會對A怎麼說？

左邊的簡報哪裡有問題？

左邊的簡報哪裡有問題？

↓ 找出懷舊醬油口味為何滯銷的問題點，並商討解決方案

懷舊醬油口味買氣低迷

A為「懷舊醬油口味」做的簡報

這款速食拉麵有4個問題點。

第1點是利潤太低。雖然也有廣告費增加的原因，不過我們必須下工夫重新評估販售價格，或是將包裝改成稍微便宜一點的樣式。

第2點是設計。這款「懷舊醬油口味**拉麵**」的設計，很難讓人一下就了解內容物有什麼。必須修改成示意圖明顯又能讓人知道這是傳統醬油口味的柔和設計。

第3點是味道。根據顧客問卷調查的結果，有36%的人回答「味道不會讓人想要一吃再吃」，還有25%的人回答「不好吃」。相反的，回答「好吃」的人只達21%。

第4點是成本太高。對配料與湯頭的講究提高了成本率。我們必須在某些地方下工夫，稍微降低成本。

有2點都在說同樣的事情

第1點：利潤率低

第4點：成本花費過多

↓

是不是因為成本花費過多
才導致利潤率低？

↓

這樣想來，把第1點跟第4點整合在一起，
應該會比較簡明易懂

這個問題的思考方式

A的簡報有兩個一定要指出的問題點。

首先是第1與第4的問題，都是在講同一件事。

第1點說的是「利潤低」，第4點說的是「成本花費過多」。

成本花費過多的理由「成本率高」，也是利潤率無法提升的原因之一，所以第4個問題，應該要歸納至第1個問題。

「如果能夠降低成本，利潤就會提高」，這些內容密切相關，A卻將之分成兩個問題點，導致簡報變得不夠清楚易懂。

這份簡報乍看之下統整得有模有樣，但是這樣應該難以順利傳達想要表達的內容。

是什麼樣的問卷調查？

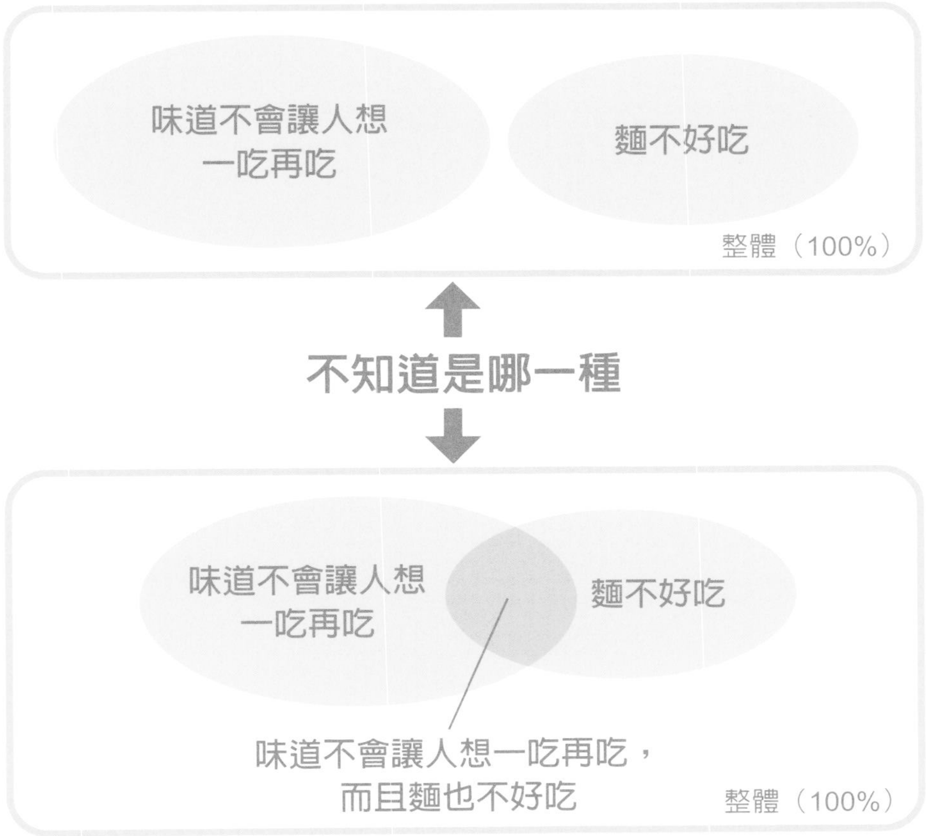
味道不會讓人想一吃再吃
麵不好吃
整體（100%）
不知道是哪一種
味道不會讓人想一吃再吃
麵不好吃
味道不會讓人想一吃再吃，而且麵也不好吃
整體（100%）

接著是第3點的問卷調查。這份問卷也有必須確認的地方。

受訪者選擇選項時是否可以複選，這是重要的確認要領。

36%的人：不會想再吃

25%的人：麵不好吃

這兩個選項可以兩個都選嗎？如果不行，那就是共計有61%的人給予口味嚴厲的負面評價。

另外，如果可以兩個都選，那就應該要提出兩個都選的人有多少占比。

A的問題點應該在於理解度吧。

A把重點分為四點，打算以具邏輯性的方式說明，但是實際上他理解不深，所以簡報才會做得不夠清楚易懂。

問題4

〈接力賽排名〉

整理出的排名會是什麼順序？——思考「思考」

15分鐘

現在，我想要試著重新思索「思考是什麼」。

家燕高中的運動會舉行了由A至E五個班級參加的接力賽跑。

各班級的接力賽代表選手跑了一段距離後，會把棒子傳給下一個跑者。

棒子交給最後一棒的跑者之後所發生的事情，如同上圖的1至4所述。

1到4的數字無關發生順序。

除了這四點所寫的內容之外，並沒有發生任何名次變動的狀況。

請思考這五個班級最後的排名。

最後的排名是？

家燕高中的接力賽結果

1. D班領先2個人之後，直接跑到終點
2. C班沒有被任何一個班級追過
3. A班輸給了E班
4. B班領先了1個名次，最後獲得優勝

思考B班、A班與E班

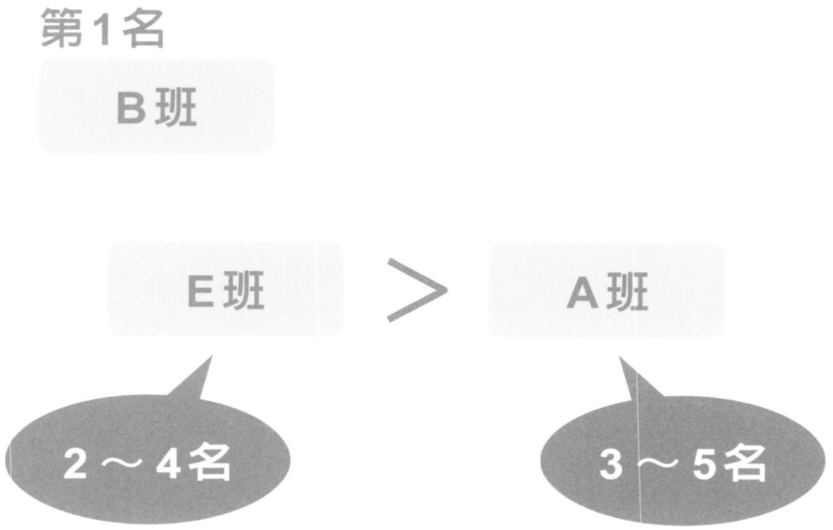

B班領先了1個名次，獲得優勝。
A班輸給了E班

這個問題的思考方式

首先要看的是第4點。

4：B班領先了1個名次，最後獲得優勝。

這裡寫了B班獲勝。

五個班級中的第一名是B班。

接下來要看的是第3點。

3：A班輸給了E班。

現階段可以畫出上圖。

A班的名次應該是第3名以下，E班則位於2至4的其中一個名次。

接著還有C班與D班。

繼續整理資訊吧。

1：D班領先2個人以後，直接跑到終點。

2：C班沒有被任何一個班級追過。

D班明明領先了2個人，C班卻沒有被追過。

思考D班

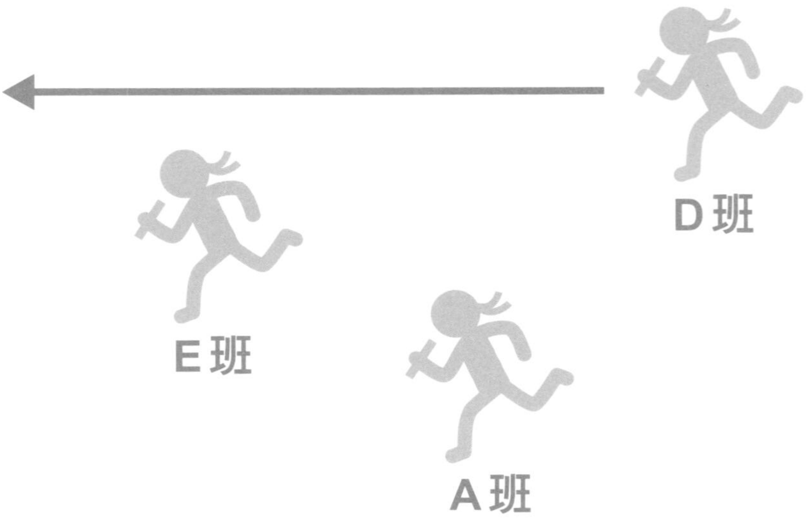

D班領先了E班與A班這2個班級

換言之，D班追過的班級，除去獲勝的B班與沒被追過的C班後，就是A班與E班。

至於C班是第幾名呢？

可不能想得太簡單，像是認為「C班沒有被追過，所以C班就在D班的前面」。

「沒有被追過」應該可以歸納出兩種可能的情況。

請試著排除主觀觀念，滴水不漏地找出可能的情況吧。

情況① C班在D班前面，在不被D班追過的狀況下抵達終點。

情況② C班本來就在D班後面，所以沒有被D班追過。

那麼，這一次是哪一種情況？

這裡的重點是B班領先哪一個班級，才提升了一個名次並獲勝。

B班領先了某個班級

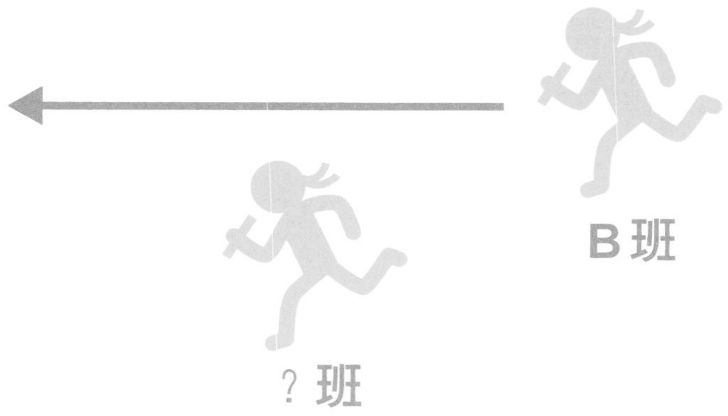

B班獲勝

B班領先了一個班級，D則追過了兩個班級。

而C班不在其中。

在P36裡，我將之前的推理做成了一份簡明的一覽表。

實際解題時，不需要在現階段以文章統整狀況。

能在腦袋裡思考的話就沒問題。

如果要在紙上統整，那就是「B：第2名→第1名，E的名次比A高，D：比第3名高，也就是D比A高（A輸給了B與E。D為前三名）」等等，在做筆記時，用容易理解的視覺化方式配置文字，就能整理腦袋裡的資訊，讓解題變得容易。

試著以最能推測出可能情況的「C班」思考吧

如果最後一棒的跑者拿到棒子時，C班是第1名的話，情況會是如何？

由於獲勝者是B班，所以C班是第1名的話就會被B班超越。也就是說，C班不會是第1名。

如果最後一棒的跑者拿到棒子時，C班是第2名的話，情況會是如何？

B班會領先1個名次並獲勝。也就是說，最後一棒的跑者拿到棒子時，B班還是第2名，所以C班不可能是第2名。

如果最後一棒的跑者拿到棒子時，C班是第3名的話，情況會是如何？

由於D班追過2個班級，所以抵達終點時會是第2名或第3名。領先2個人代表是從第5名變成第3名，或是從第4名變成第2名。也就是說，C班的最後一棒跑者不可能從第3名開始跑。因為第3名的人會被D班追過。

如果最後一棒的跑者拿到棒子時，C班是第4名的話，情況會是如何？

跟第3名的狀況一樣。第4名也會被D班追過，而且第4名也有可能是D班最後一棒跑者拿到棒子時的名次。也就是說，C班也不會是第4名。

如果最後一棒的跑者拿到棒子時，C班是第5名的話，情況會是如何？

用消去法可知C班是從第5名開始跑。
問題的說明文裡寫了「除了這四點所寫的內容外，沒有發生任何名次變動」，所以，我們可以知道C班是從第5名開始跑，並以第5名的名次抵達終點。在現在這個階段，可以確定D班是從第4名開始跑，並以第2名的名次抵達終點。

用圖思考就能清楚判斷

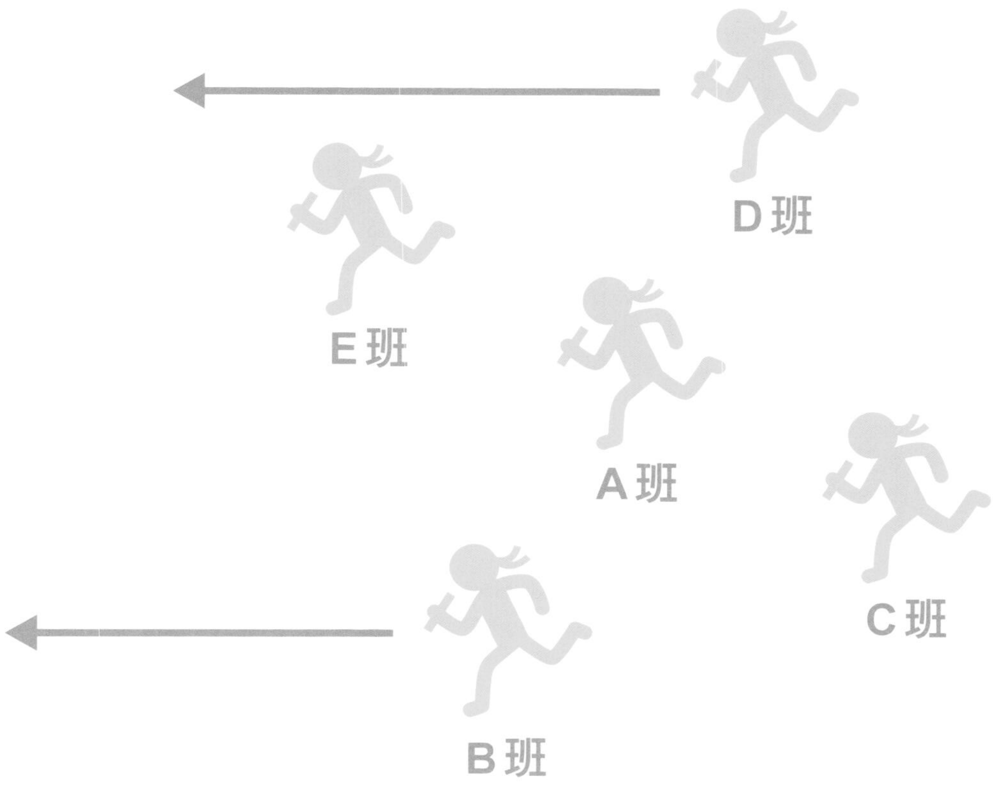

把狀況整理成右表的話，就能確定剩下的名次。

第1名　B班
第2名　D班
第3名　E班
第4名　A班
第5名　C班

像這樣用圖表一一整理資訊，就能夠找到正確答案。

但是，在現實生活中碰到的問題，連有沒有答案都不可知。

你會煩惱該如何思考碰到的問題，或許連該如何「思考」都不知道。

因此，我在下一章將更進一步地介紹「什麼是依據事理思考」。

附加謎題① 數獨

難易度★★★☆☆

請按照規則把數字填在空格裡。

規則

・各個直行與橫列裡，分別要有數字1～9各一。
・粗線圍成的區域裡，分別要有數字1～9各一。

舉例：下圖的直行與橫列裡，數字1～4都各有一個。

3			4
	2		3
2			
	3		2

➡

3	1	2	4
4	2	1	3
2	4	3	1
1	3	4	2

3	4			2			7	5
2			7		4			1
		6		5		4		
	2		6		5		3	
6		5				1		2
	8		2		1		5	
		1		6		2		
4			3		2			6
8	6			4			1	3

解答請見第127頁

第二章

依據事理思考

用自己的方式決定內容
並思考的訣竅

07 什麼是「用自己的腦袋思考」？

所謂「好書」是什麼樣的書？

時常聽見「用自己的腦袋思考」或「要有自己的想法」這樣的話。

但是，什麼是「用自己的腦袋思考」？

該怎麼做才算是「思考過」？

為了思索「思考」這件事，現在來試著回答一個問題吧。

你認為什麼樣的書是「好書」？

你的回答是什麼？

大部分的人應該都有以下的疑惑吧。

「要從書店的角度出發？還是從消費者的立場？」

「是指什麼情況下的好書？其目的是什麼？」

「好書的判斷標準是什麼？基準又是什麼？」

「不過我聽說『有人買的書就是好書』耶？」

「選我喜歡的書就可以嗎？」

然後，你的思路就會東奔西跑、毫無方向。

訂定衡量基準

舉例來說，就像在評選某個獎的得獎者時，一定會有「衡量基準」一樣，選擇好書時，如果沒有衡量基準，就會很難挑選。

提到好書，想必一般人都會列舉出「易讀性高」、「容易理解」、「能讓人獲益良多」、「價格划算」這一類似乎符合所有書籍的優點吧。

那些優點與衡量基準很相近。

再更具體一點的回答，衡量基準就像這樣：

「如果目的是讀書學習，那麼好書就是具備圖片多又容易理解的內容。」

「如果興趣是研究歷史，那麼內容具備一般書籍所沒有的深度資訊，就會是一本好書。」

如同以上，我們要設定條件「如果○○是●●」，並把條件當作素材去推進思考。

自己特地決定好衡量基準，以此為基礎去回答「何為好書」這個問題。

之所以這麼做，是因為「何為好書」這樣的題目相當曖昧，無法明確得知要根據什麼思考。

什麼是「好書」？

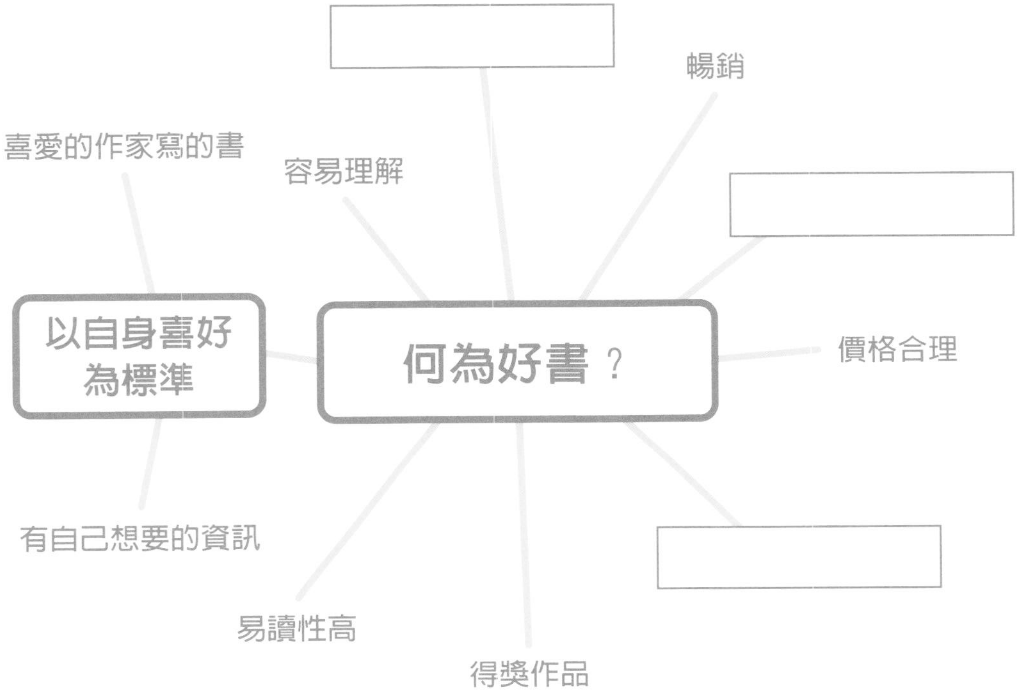
暢銷
喜愛的作家寫的書
容易理解
以自身喜好為標準
何為好書？
價格合理
有自己想要的資訊
易讀性高
得獎作品

以誰的需求
作為好書的判斷基準？

好書的條件為何？

相反的，
什麼是不好的書？

要是沒有「衡量基準」，就會沒有思考方向

08 深入思考範圍廣大的題目

針對內容廣泛的題目進行思考

請再試著思考一個問題。

請針對「人類」進行思考。

雖然這個題目比「何為好書」更抽象，不過還是請各位思考看看。

大部分的人應該都會這樣想：

「要思考人類的什麼才好？」

比起剛才的「好書」，這個題目更讓人不知道該從何思考起。

因為幾乎沒有什麼必須思考的主題。

「人有心臟、腦，腎臟有兩個。然後……腎臟的功能是……」像這樣思考人類的構造就好嗎？還是要針對人類的歷史去思考「為什麼世界上不存在智人(homo sapiens)以外的人類」等問題？又或是思索「人在生氣的時候，要是採取粗暴的行動，似乎會讓怒氣更進一步地升高」等狀況，針對人類的行動思考即可？這個題目毫無思考的方向。

這樣就算想要思考也沒辦法。

簡直就像高難度的哲學一般。

各位應該會像下一頁的圖一樣，與其說是思考，不如說腦袋裡會像玩聯想遊戲一樣，浮現語句與疑問。

浮現不明確的語句與疑問

比方說，如果題目是「請思考人類與猴子之間的差異」，我們就能立刻想出許多不同之處，例如「能說話或不能說話」、「有尾巴或沒有尾巴」等。

然後，深入思考並統整後，甚至還能寫出長篇文章吧。

縱使想要以具邏輯性的方式思考「何為人類」，若是沒有決定好「明確的主題」，思考也只會在迷宮裡徘徊而無法前進。

如果這樣的問題出現在對話裡，**只要自己能以具邏輯性的方式思考、理解並確實掌握對方提問的意思，理應就能知道回答的方向**。

舉例來說，如果對方聊的內容是「結果人類還是只能活在群體裡嘛。真是的，人類到底是什麼呢」，在這種狀況下，當對方問自己「人類是什麼」，或許自己就能找到大概的方向。

如果「思考人類」，那該如何進行？

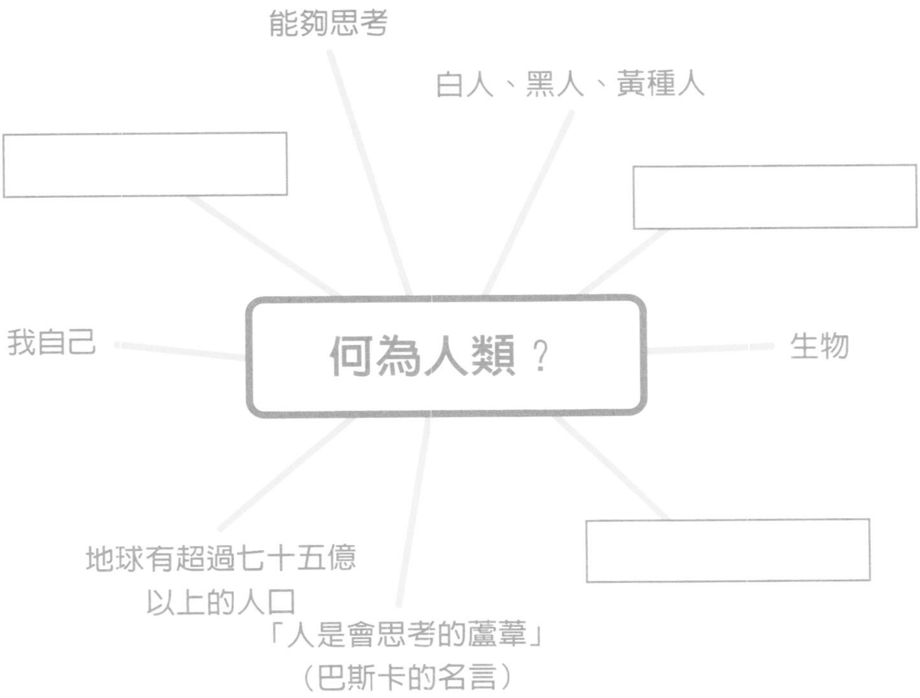
能夠思考
白人、黑人、黃種人
我自己
何為人類？
生物
地球有超過七十五億
以上的人口
「人是會思考的蘆葦」
（巴斯卡的名言）

要思考人類的什麼呢？

要思考什麼才好？

主題為何？

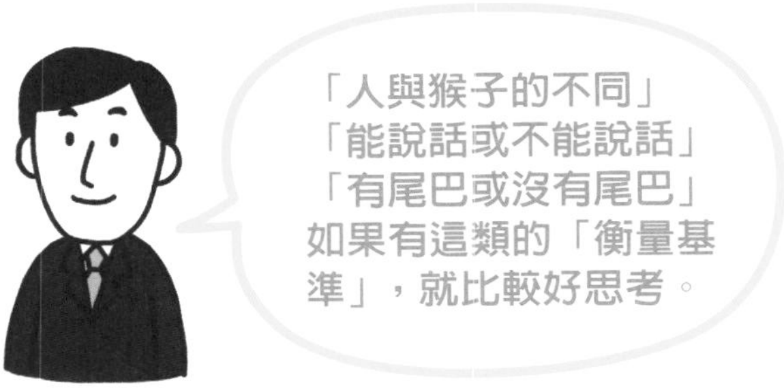
「人與猴子的不同」
「能說話或不能說話」
「有尾巴或沒有尾巴」
如果有這類的「衡量基準」，就比較好思考。

09 先決定「從哪裡開始思考」

決定思考的焦點

倘若不從「**先了解『自己要思考什麼』**」起步，就永遠無法展開思考。

如果沒有這樣做也感覺自己在「思考」的話，那恐怕不是在「思考」，只是在「想什麼」。

縱使當事人認為自己在思考，結果也只是腦中茫茫然地浮現出一些話語，或者單純在確認資訊而已，又或者思考不過是一直在同一個地方打轉……恐怕之後回想起來，就會發現思考完全沒有進展。

如果有人說「請思考行動應用程式（APP）」，這樣會讓人不知道要思考APP的什麼，使得思考難有進展。

不過，如果是「請思考『能在短暫空檔使用的暢銷APP』」，要思考的內容就會比前面提到的更具體，所以思考也能有所進展。

像這樣，先決定「要思考什麼」之後，就能展開思考，並在經過一番努力後，得到思索出來的結論。

擁有知識才能定下方向

我在進行謎題設計的工作時，會先思考自己想要製作什麼樣的謎題。

不過，只是在腦中想「要製作什麼樣的謎題」也不會有任何進展。

我需要能鎖定謎題方向、難易度與種類的素材。

有時候，就算自以為知道要思考什麼或知道思考主題，思考也還是沒有進展，而且無法將想法統整好。

大家應該也有過這種經驗吧。

倘若思考沒有進展，或許是因為還有很多不懂，或是未知的事情。

我們也要確認看看思考的主題是否距離自己太過遙遠。

這種情況，是用來思考的知識不足。

如果你覺得自己擁有的知識素材應該足夠，但思考仍舊毫無進展，那或許是因為你還沒鎖定好自己想要思考的標的。

首先，決定思考的素材吧

開始

決定要思考什麼

↓

開始思考

↓

經過一番努力後，終於得到自己思索出來的結論

這時候該怎麼做？

規則

「想把用 PowerPoint（簡報軟體）製作的研討會資料弄得更簡明易懂」，在這種時候，就算是發呆似地想著「要怎樣才能弄得簡明易懂」，腦中也不會浮現點子。如果是你，你會怎麼做？

解答範例

- 為求減少投影片數量（頁數），有沒有可以刪除的部分？
- 其他人在第一次看這份資料的時候，會不會有看不懂的地方？
- 有沒有忘了加進去的要素？
- 有沒有錯字或漏字？
- 在表達上有沒有必須改善的部分？
- 有沒有哪些部分製成圖表會比較好？

——像這樣思考的話，大腦就會展開行動了吧。

10 訂定規則

（本單元填字遊戲以日文拼音設計，另附有以中文字為主的填字遊戲。）

試著用填字遊戲思考

該怎麼做才能讓思考變得容易？我想要用填字遊戲作為例子，試著更進一步地思索。

設計遊戲時，必須遵守幾個規則。

接下來，我就要為各位介紹以下三條規則，由於這些是日文獨有的規則，所以不適用於其他語言的填字遊戲。

或許有人心想：「咦？不是要解謎，而是要設計填字遊戲喔？」

總之，請各位先看看。

規則1：位於角落的格子不可以設計成黑格。

規則2：黑格不可以縱向與橫向相連超過兩格以上。

規則3：黑格不可以截斷格面，所有白格都要連成一體。

另外，還有幾項規則，不過請先參考這三個。

在規則底下設計謎題

為各位介紹我所設計的一款填字遊戲，請見下圖，淺綠格為答案。

這是刊登在醫療類手冊上的填字遊戲，所以裡面包含了「麻醉（マスイ，ma su i）」與「乾眼症（ドライアイ，do ra i a i）」等詞彙；選詞的類型會根據主題改變。

接著，請各位參考左頁，實際嘗試設計填字遊戲。

我想這樣各位應該就能明白「只要明確知道要思考什麼，頭腦就會好好思考」。

マ ma	ス su	イ i	■	オ o	イ i	メ me
■	ピ pi	ン n	ク ku	リ ri	ボ bo	ン n
カ ka	ン n	ガ ga	ル ru	ー –	■	マ ma
■	オ o	■	マ ma	ブ bu	タ ta	■
パ pa	フ hu	エ e	■	オ o	■	エ e
ス su	■	ド do	ラ ra	イ i	ア a	イ i
タ ta	チ chi	■	フ hu	ル ru	サ sa	ト to

答案是iPS細胞「iPS（アイピーエス：誘導性多能幹細胞）」。

名詞中譯對照

橫列：
- マスイ：麻醉
- オイメ：欠債
- ピンクリボン：粉紅絲帶
- カンガルー：袋鼠
- マブタ：眼瞼
- パフェ：聖代
- ドライアイ：乾眼症
- タチ：太刀
- フルサト：故鄉

直行：
- パスタ：義大利麵
- スピンオフ：副產品
- インガ：因果
- エド：江戶
- クルマ：車
- ラフ：粗陋
- オリーブオイル：橄欖油
- イボ：疣
- アサ：大麻
- メンマ：筍乾
- エイト：八（eight）

嘗試自己設計填字遊戲吧

將答案設定為「哈密瓜麵包（メロンパン，me ro n pa n，或稱為**菠蘿麵包**）」，嘗試設計填字遊戲吧。

或許各位已經試著排了一下字詞，但不知道接下來該怎麼做才好。

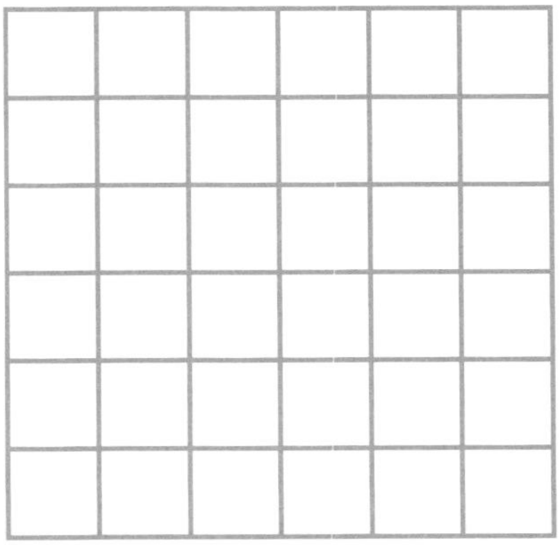

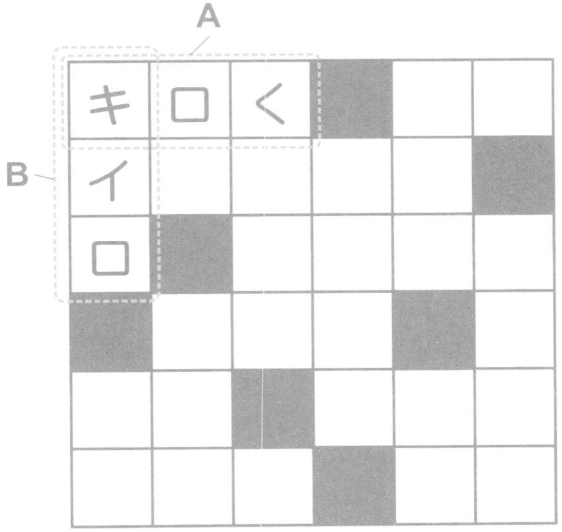

那麼，現在試著將黑格放入格面。
我想，這樣應該比之前更容易思考了。因為黑格讓格面出現了字數限制，例如「A區可以填入的詞彙是三個字」。在這裡試著使用「哈密瓜麵包」的其中一個字，思考應能有所進展。
例如這樣思考：「在A區的第二格放『ロ（ro）』試試看。『コロン（co ro n，**冒號之意**）』……不，這樣不行。這樣縱行就會需要一個ン（n）開頭的四字詞彙（譯注：n開頭的日文詞彙極少且都很冷僻，不適合填字遊戲）。那『キロク（ki ro ku，**紀錄之意**）』如何？這樣的話，B區就要有『キ○○（**以ki音開頭**）』的三字詞彙。就放『キイロ（ki i ro，**黃色之意**）』試試看吧。」思考會像以上這樣發展。

中文填字遊戲（請在淺綠格內填入答案）

遊戲設計／郭書妤

百	聞	不	如	一	
		日	下	■	
■	不	■	■		世
■	動	一	動	■	面
命	■		靜	脈	■
	清	早	■	衝	

（解答）

百	聞	不	如	一	見
世	風	日	下	■	過
■	不	■	■	人	世
■	動	一	動	■	面
命	■	大	靜	脈	■
大	清	早	■	衝	浪

11

用設定與比較展開思考

決定時間長短，縮小範圍

比方說「製作能在短暫空檔使用的暢銷APP」，在針對這個主題進行思考時，**要把「短暫空檔」的時間長短設定為兩分鐘，進一步縮小設定範圍**。

如此一來，思考就會變得容易又能有所進展。

例如：

- 將通勤時的乘車時間或轉乘的等待時間視為短暫空檔。
- 目的是簡易的頭腦體操，不是腦力鍛鍊那種複雜的程度。
- 但是不想學習。
- 只想要享受樂趣。
- 可以實際感受到回饋。比方說漢字或成語怎麼樣？
- 因為是APP，所以要有動態設計。

人腦擅長比較

舉個例子來說，比起聽到「請思考○」，「請比較○與□」還比較容易引發思考。

如果是要思考○與□的差異，腦中就能浮現出許多內容，例如：

「有沒有角？」
「是否會滾動？」
「並排時有沒有縫隙？」
「外觀看起來柔和還是堅硬？」

我在P42也介紹過，比起「請針對人類進行思考」，「請思考人類與猴子之間的差異」還比較容易，如同以上所述，人類的大腦善於比較。

判斷某個事物的好壞時，我們也會跟別的事物作比較：評價一個人時，也會說「比○○聰明」、「比○○更擅長運動」等等，像這樣藉由比較去判斷。

換言之，當思考陷入僵局或難以展開時，思考比較對象就有可能讓一切的進展變得順利。

「哪個地方跟那個不一樣？」
「哪個地方比那個出色？」
「有什麼與這個相似呢？」

就像這樣，我們能透過比較去展開思考。

比較2種事物來思考吧

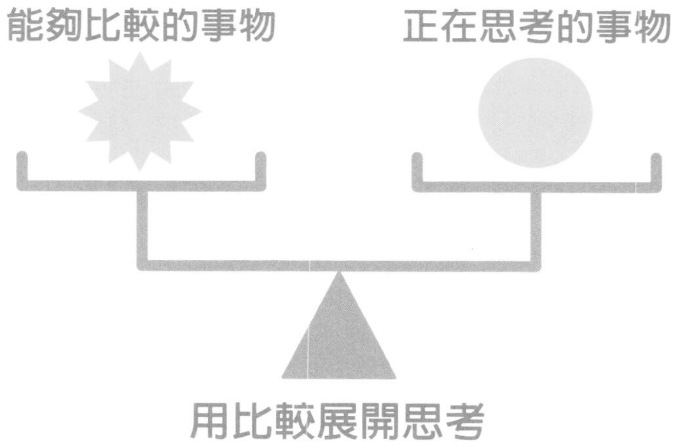
能夠比較的事物
正在思考的事物
用比較展開思考

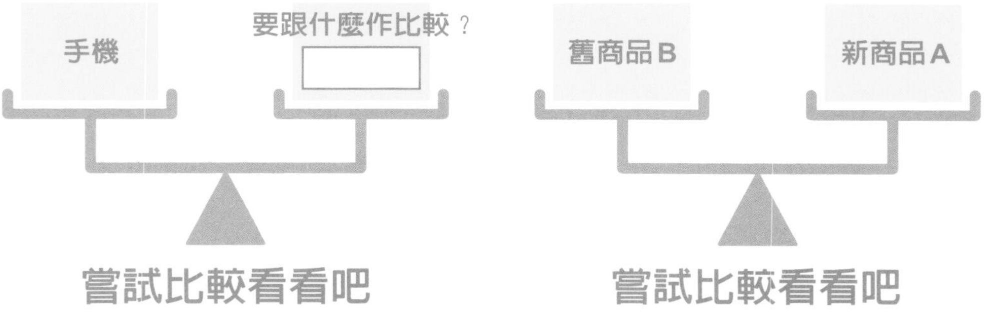
手機
要跟什麼作比較？
嘗試比較看看吧
舊商品B
新商品A
嘗試比較看看吧

例題 你會在右下欄填入什麼？

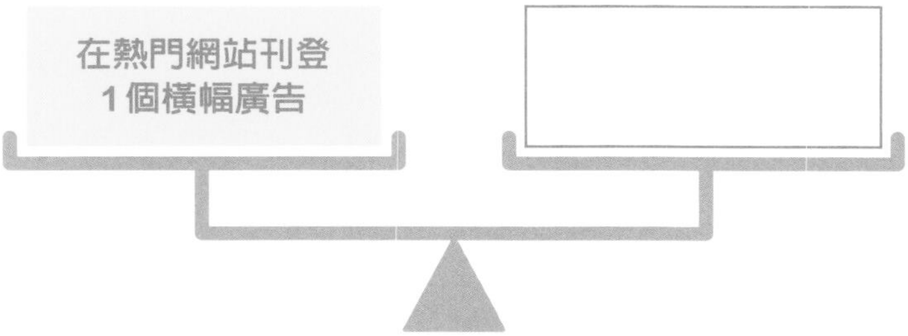
在熱門網站刊登
1個橫幅廣告

解答範例 在許多小網站刊登文字廣告

12

把想到的事情寫下來

為什麼筆記很重要

通常解題時，我們會「一邊手寫、一邊思考」。

電視上的猜謎節目，也有答題者會在思考的同時書寫許多筆記。

人們平常會在腦中以言語思考事情。然後，自己想到的語句也會在一瞬間消散。

「咦，我剛才在想什麼？好像想起了什麼事，但是又忘記了，好在意喔……」

大家都有過這種經驗吧。

大腦沒有那麼聰明，所以沒辦法長時間記著想到的事。

大腦的額葉有個稱為「腦的記事本」的區域（工作記憶，working memory），能夠讓人暫時將注意力放在事物上。

但是，這個大腦記事本只能留下一點點筆記，倘若我們不在真正的記事本上把想法寫出來，馬上就會忘記。

因此，「**想到重要的事情就要馬上做筆記**」是很重要的。

明明想到什麼，但一下子就忘了，或者自己原本想做的事，不小心忘得一乾二淨，這樣的經驗並非只有一兩次吧。

請各位務必記住，「心的記事本並不可靠」。

筆記能刺激大腦

剛才，我問了「你認為什麼樣的書是『好書』」與「請針對人類進行思考」這樣的問題。

就像那兩個小節的插圖一樣，將思考的事情寫在紙上就能預防遺忘。

另外，在紙上統整想法後，這些想法會以視覺形式再次輸入腦中，腦中會持續強烈地意識到這些想法，使得新點子更容易浮現出來。

而且，**活動手部這個動作，本身就能給予大腦刺激**。

手給予大腦的適度刺激能活化腦部，因此，「把想到的事情寫下來」是一種合理的作法。

用手寫記下筆記

行銷
報價
A公司與B公司
在會議上想到的意見，在發言之前不小心就忘記了……

我已經在會議中做了筆記，所以等一下再重看筆記也沒問題！

可以透過手寫，用視覺方式提醒大腦「現在正在思考喔」、「現在注意力是放在這裡喔」。

在洽商、開會時

- 用筆記統整自己的意見
- 用筆記整理自己覺得重要的詞彙
- 用筆記統整自己不了解的事情

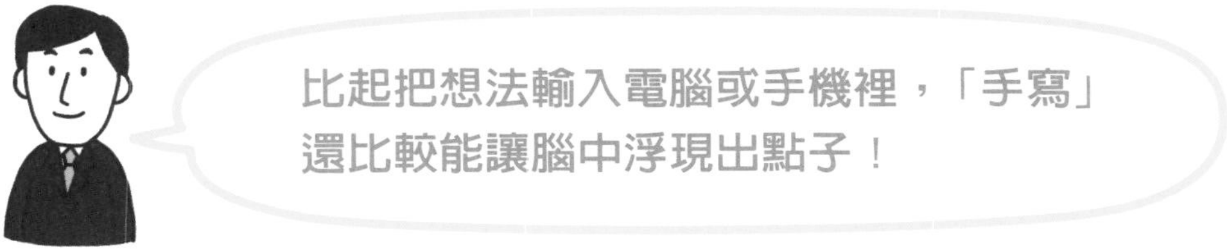
比起把想法輸入電腦或手機裡，「手寫」還比較能讓腦中浮現出點子！

問題5

〔考試答案〕如何從「二選一」找到答案？——思考「假設」

30分鐘

現在來嘗試解開一道問題吧。

你必須計算這些學生的考試分數。

原本負責計分的人突然有急事，你要幫忙接手計分。

但是，你發現一件困擾的事。

這裡雖然有答案紙，但是沒有正確答案與題目。

現在知道這個問題是A與B兩個答案的二選一。另外，答案紙上寫了「一題10分，60分滿分」。

目前有5個人的答案紙已經完成計分，請以此為基礎，推導出第1題~第6題的正確答案是A還是B。

第1題～第6題的答案是什麼？

	第1題	第2題	第3題	第4題	第5題	第6題	合計
青木　正人	A	B	B	B	B	A	40分
飯塚　麻衣	B	A	B	A	A	B	30分
上田　櫻	B	A	A	B	A	A	20分
遠藤　裕也	A	A	A	B	B	B	30分
及川　麗子	A	B	A	A	B	A	40分

正確答案						

找到相似之處吧

	第1題	第2題	第3題	第4題	第5題	第6題	合計
青木　正人	A	B	B	B	B	A	40分
飯塚　麻衣	B	A	B	A	A	B	30分
上田　櫻	B	A	A	B	A	A	20分
遠藤　裕也	A	A	A	B	B	B	30分
及川　麗子	A	B	A	A	B	A	40分

青木與及川不一樣的地方在於第3題與第4題。
由於分數相同，所以可知這兩題的正確答案是B、A或A、B。

	第1題	第2題	第3題	第4題	第5題	第6題	合計
青木　正人	A	B	B	B	B	A	40分
飯塚　麻衣	B	A	B	A	A	B	30分
上田　櫻	B	A	A	B	A	A	20分
遠藤　裕也	A	A	A	B	B	B	30分
及川　麗子	A	B	A	A	B	A	40分

青木在第1、2、5、6題之中答對3題。
假設飯塚答錯第3、4題的話，
那麼飯塚也一樣在第1、2、5、6題之中答對3題。

這個問題的思考方式

首先，請找出答案相似的人。「青木正人」與「及川麗子」除了第3題與第4題之外，其他題目都寫了一樣的答案，分數也相同。

換言之，第3題與第4題獲得的分數應該也相同。

青木回答B、B，及川回答A、A，由於正確答案是A或B其中一者，所以這兩人個別在第3、4題裡獲得了10分。

這樣的話，就能算出剩下的4題獲得了30分。

接著，請看飯塚。飯塚對第3題與第4題的回答是「B、A」，結果獲得了30分。假如這兩題答錯了，那麼就能算出剩下的4題獲得了30分。

但是，比對青木與飯塚的答案後，發現1、2、5、6這四題的答案不一樣。

分配正確答案

	第1題	第2題	第3題	第4題	第5題	第6題	合計
青木　正人	A	B	B	B	B	A	40分
飯塚　麻衣	B	A	B	A	A	B	30分
上田　櫻	B	A	A	B	A	A	20分
遠藤　裕也	A	A	A	B	B	B	30分
及川　麗子	A	B	A	A	B	A	40分

遠藤答錯第3、4題，所以剩下的題目獲得了30分。
跟及川比對後，可知第1、5題是正確解答。

	第1題	第2題	第3題	第4題	第5題	第6題	合計
青木　正人	A	B	B	B	B	A	40分
飯塚　麻衣	B	A	B	A	A	B	30分
上田　櫻	B	A	A	B	A	A	20分
遠藤　裕也	A	A	A	B	B	B	30分
及川　麗子	A	B	A	A	B	A	40分

比對青木與飯塚的答案後，得知第1、2、5、6題的答案都不同。
也就是說，兩人不可能答對3題。所以飯塚答對了第3、4題。

如此一來，這兩人就無法靠這四題獲得30分。

換言之，假設是錯的。

飯塚在第3、4題的回答是正確答案。
現在知道第3題的正確答案是B，第4題的正確答案則是A。

接下來看遠藤。

遠藤答錯了第3、4題。
也就是說，剩下的四題必須獲得30分。

及川同樣會在那四題中得到30分，比對遠藤與及川的答案，可發現第2題與第6題的回答並不相同。

雙方在那四題中都只能各錯一題，所以可知回答不同的這兩題，都各錯了一題。

因為如果其中一人同時答對第2題與第6題，另一個人就會變成兩題都答錯。

從答對、答錯來累積已知要素

	第1題	第2題	第3題	第4題	第5題	第6題	合計
青木　正人	A	B	B	B	B	A	40分
飯塚　麻衣	B	A	B	A	A	B	30分
▶ 上田　櫻	B	A	A	B	A	A	20分
遠藤　裕也	A	A	A	B	B	B	30分
及川　麗子	A	B	A	A	B	A	40分

正確答案	A		B	A	B		

到目前為止，上田全部都答錯。
如果要得到20分，那剩下的兩題一定要是正確答案。
也就是說，正確解答會是下面這樣：

正確答案	A	A	B	A	B	A	滿分

由此可知，剩下的第1題與第5題是正確答案，所以第1題的答案是A，第5題的答案是B。

接下來，看看上田吧。

她的分數合計為20分，現在知道正確答案的第1、3、4、5題，她通通都答錯。

換言之，剩下的兩題應該是正確答案。

由此可知，第2題的答案是A，第6題的答案是A。

像這樣，正確地分析已知要素並確實累積，就能夠找到正確答案。

不讓思考隨意奔馳、不要隨便決定「大概就是這樣吧」，而是要用邏輯去思考，這就是解開這道問題的重要關鍵。

問題6

〈時光機〉

如果回到過去，會發生什麼事？——用「思考實驗」思考

15分鐘

能藉由時光機阻止雙親相遇嗎
2980年 雙親相遇
3001年 17歲的華蓮，搭乘時光機前往3301年
3天後
母親搭乘時光機回到2980年
阻止
在那之後
3002年 華蓮已誕生並存在於該處嗎？雙親是誰？

三〇〇一年，人類終於成功開發出時光機。

剛滿十七歲的華蓮，在某一天得知自己的母親是來自未來的人。

搭乘時光機穿越時空後，在其他年代生活是被禁止的行為，不過母親卻穿越時空，成為華蓮現在的母親。

華蓮在內心決定「自己要去母親原本生活的三三〇〇年左右，阻止母親與父親相遇」。

然後，華蓮就搭乘時光機啓程。她抵達的年代是三三〇一年。那是父親與母親相遇的三天前。

母親是經由時空旅行回到二九八〇年，並在那裡碰巧與父親相遇。

阻止相遇的人是誰？

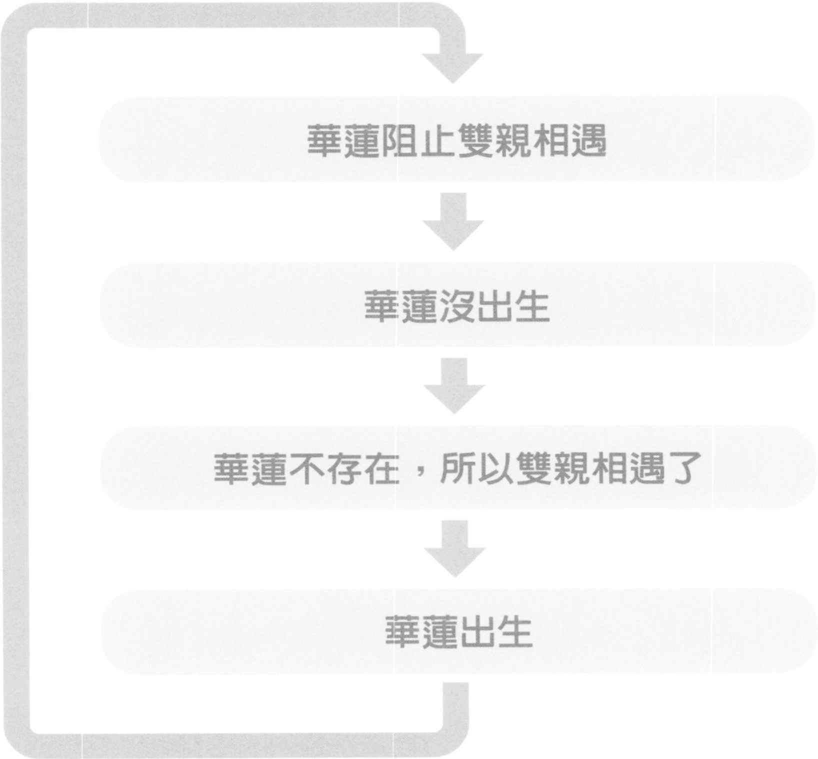
華蓮阻止雙親相遇
華蓮沒出生
華蓮不存在，所以雙親相遇了
華蓮出生

華蓮想要去那裡搗亂，讓母親無法與父親相遇。

請嘗試思考華蓮成功阻止父母相遇的情況，以及阻止失敗時的狀況。

這個問題的思考方式

- **如果華蓮成功阻止父母相遇**

移動前往三三〇一年的華蓮，找到未來會成為自己母親的女人所在的地方。華蓮對於即將要搭乘時光機的女人說：

「在其他時空結婚是違反規定的，生出來的小孩會不幸。妳不要去〇〇（父親與母親相遇的地點）。」

那個女人聽了感到毛骨悚然，於是沒有去〇〇，便結束了時空旅行。結果華蓮的父母親就沒有相遇。

如果雙親沒有相遇，那麼華蓮就不會出生。

如果雙親沒有相遇，華蓮就不會存在

如果華蓮沒有讓雙親相遇，雙親就不會結為夫妻

↓

如果華蓮沒有出生，雙親就不會相遇

↓

如果雙親沒有結為夫妻，華蓮就不會出生

↓

如果華蓮沒有出生，她就無法讓雙親相遇

↓

雙親沒有相遇

↓

換言之，華蓮無法成為愛神邱比特

既然如此，那麼原本應該在三三〇一年進行時空旅行並成為一個母親的女人，又是誰去阻止她的？

由於華蓮沒有出生，所以理應沒有人能夠阻止那段相遇。

也就是說，去見那個女人的少女其實並不存在。

阻止雙親相遇的那一瞬間，華蓮就失去了出生的機會，導致她無法阻止雙親相遇。

於是，女人的阻撓者消失，女人就與男人相遇、結婚，並平安生出華蓮。

接著，華蓮長大後知曉了母親的祕密，便前往未來去阻止雙親相遇。

大家應該會這樣回答這個難題：「**這種事情不可能會發生**」、「**這個設定不合常理**」。

華蓮是愛神邱比特？

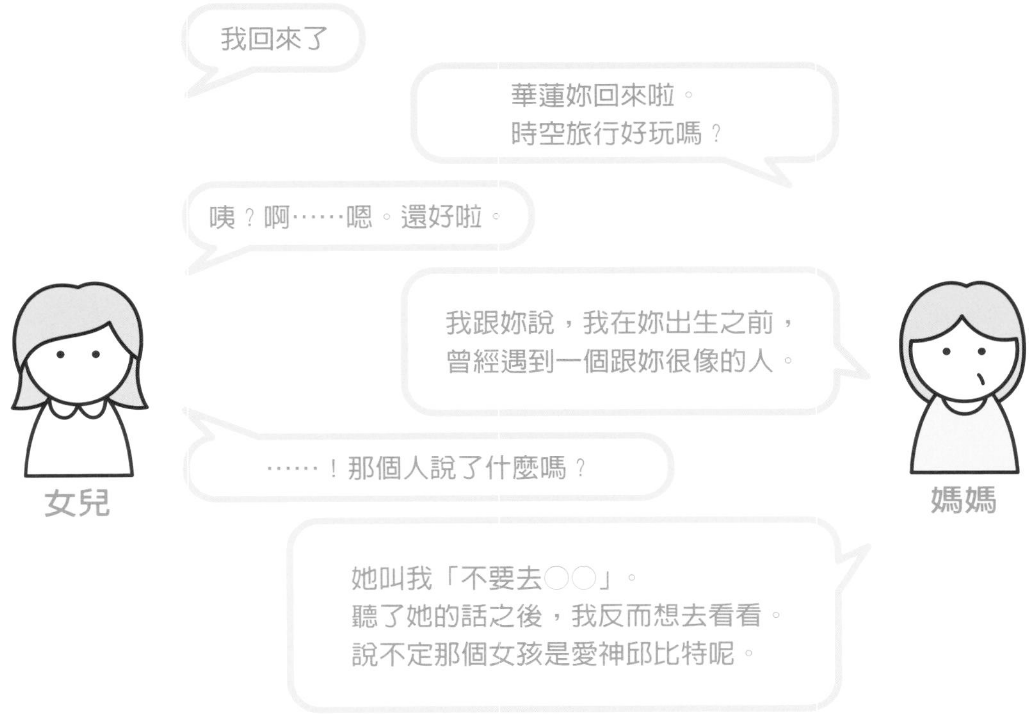
我回來了
華蓮妳回來啦。
時空旅行好玩嗎？
咦？啊……嗯。還好啦。
我跟妳說，我在妳出生之前，
曾經遇到一個跟妳很像的人。
……！那個人說了什麼嗎？
她叫我「不要去〇〇」。
聽了她的話之後，我反而想去看看。
說不定那個女孩是愛神邱比特呢。
女兒
媽媽

為什麼雙親的相遇，不可能是靠華蓮的力量達成的？

● 如果華蓮沒有成功阻止父母相遇

移動前往三三〇一年的華蓮，找到未來會成為自己母親的女人所在的地方。華蓮對即將要搭乘時光機的女人說：

「在其他時空結婚是違反規定的，生出來的小孩會變不幸。妳不要去〇〇（父親與母親相遇的地點）。」

那個女人心想：「要是去〇〇，說不定會有命運般的相遇。」反而燃起了她的興趣。

然後，雙親就相遇並結婚了。

與成功阻止不同，華蓮阻止父母相遇的目的要是未達成，就不會產生矛盾。

但是，華蓮也沒辦法成為愛神邱比特。

因為，如果華蓮能讓雙親相遇，那麼代表華蓮在雙親相遇之前就已經存在了。

問題7

〈帽子的顏色〉

如何推測出舉手的人是誰？

——用「推理」思考

25分鐘

哪一個人立刻知道自己的帽子顏色？

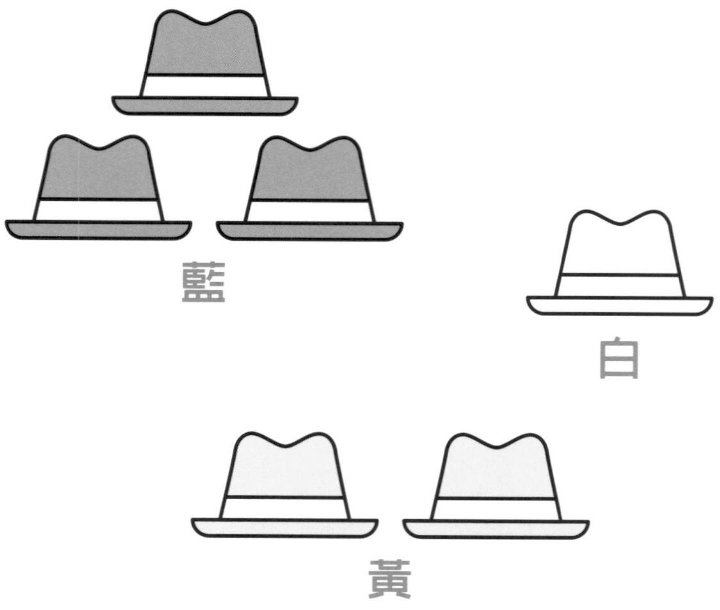

※A～D四個人知道這裡的帽子就是這六頂。

這裡有三頂藍色帽子、兩頂黃色帽子，以及一頂白色帽子。

教授召集了對邏輯思考有自信的A～D四個人。

教授將帽子戴在這四個人頭上，他們不知道自己戴了什麼顏色的帽子。

接著，教授將剩下的帽子藏起來。

現在的狀況是，他們可以看到其他三人的帽子顏色，但是看不到自己頭上那頂帽子的顏色。

教授向四個人下指示：「知道自己帽子顏色的人請舉手。」

然後，A迅速舉手。剩下的三個人見狀，也紛紛舉起手。

提示，B與C的帽子顏色相同。

A瞬間就知道自己帽子的顏色，這代表……

如果A看見3頂藍色帽子

A無法判斷自己的帽子是白色還是黃色

如果A看見2頂藍色帽子與1頂白色帽子

A無法判斷自己的帽子是黃色還是藍色

如果A看見2頂黃色帽子與1頂藍色帽子

A無法判斷自己的帽子是藍色還是白色

如果A看見2頂黃色帽子與1頂白色帽子

A的帽子只有可能是藍色

現在，請推理出四個人的帽子顏色。

這個問題的思考方式

A瞬間就知道自己帽子的顏色，這表示包含教授藏起來的帽子顏色在內，A的推理中完全沒有不確定的要素。

如上圖，若要瞬間判斷出顏色，只排除藍色一種顏色是不夠的，必須思考能夠排除兩種顏色的狀況。

也就是說，A看得見兩頂黃色帽子，以及一頂白色帽子。

如果是這樣的話，A只要看一眼其他三個人的帽子，就能知道自己的帽子顏色。

然後，D見A迅速舉手，心想：

「那麼我的就是藍色或白色。如果A沒看到白色帽子，應該就沒辦法確定才對。所以**我的是白色**！」

B與C這麼想：

「我看到了藍、白、黃三種顏色。我自己是黃色或藍色。既然A馬上舉手，那就代表A看見了兩頂黃色帽子。所以**我是黃**

如果A是藍、B是藍、C是白呢？

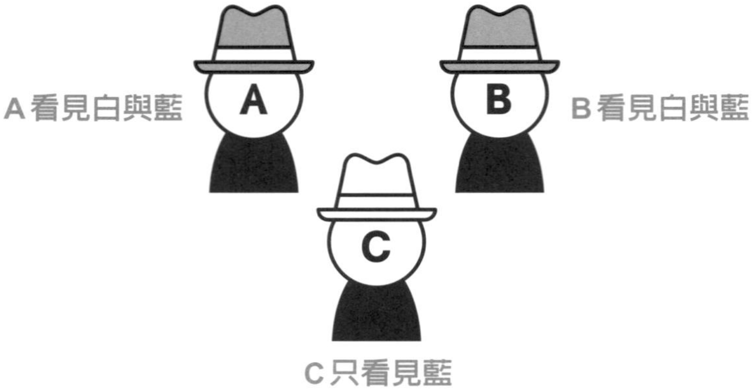

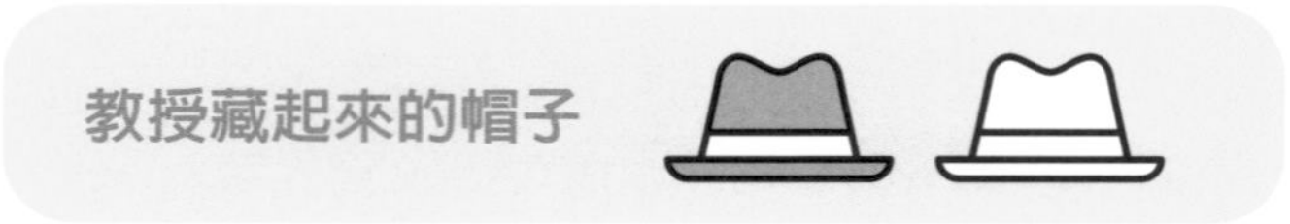

藍帽子的A、B，與白帽子的C，誰會先知道自己的顏色？

色！」

接著，再試著推理一題吧。

有三頂藍色帽子，以及兩頂白色帽子。教授召集了對邏輯思考有自信的A～C三個人。

接著，教授為三個人戴上帽子。

這三人都知道藍色帽子有三頂、白色帽子有兩頂，但是他們不知道自己戴了什麼顏色的帽子。

然後，教授將剩下的帽子藏起來。

如果A是藍、B是藍、C是白的話，那麼先知道自己帽子顏色的人，會是A與B嗎？

還是C呢？

在剛才的問題，瞬間就出現舉手的人，但是這一次沒有人瞬間舉手。

提示，這三個人都善於邏輯思考。

A有辦法這樣思考：「B應該是這麼想的吧，C的推理則應該是這樣。」請試著從A、B、C個別的角度去思考。

試著從個別的角度思考吧

我看到C是白色的。包含被藏起來的帽子在內，白色帽子只有2頂，所以如果我的帽子是白色的，那麼B只有可能是戴著藍色帽子。然而B不知道自己的帽子顏色，這代表我也是藍色的。

我看到C是白色的。包含被藏起來的帽子在內，白色帽子只有2頂，所以如果我的帽子是白色的，那A只有可能是戴著藍色帽子。然而A卻不知道自己的帽子顏色，這代表我也是藍色的。

我看到A與B是藍色的。不過，如果我的帽子是白色的，被藏起來的帽子可能是白色或藍色；如果我的帽子是藍色的，被藏起來的帽子也有可能2頂都是白色。

他們看到什麼，又在想些什麼呢？

在這個狀況下，最早知道自己帽子顏色的人是A與B。

從A的角度思考看看吧。

A看到藍帽與白帽各一頂。

然後，A這麼想：

「如果我的帽子是白色，照理說，B瞬間就會知道自己的帽子是藍色的吧？然而他並沒有馬上舉手，可見得我的帽子是藍色的！」

同樣的，B也這麼想，所以他才會跟A幾乎同時舉手吧。

若要像這樣站在各個人物的立場上建立假說並加以驗證，具邏輯性的思考方式是不可或缺的。

謹慎仔細地一一思考，就能在腦中逐步整理狀況，進而讓自己清楚看見事物的整體面貌。

問題8

〔餅乾〕如何看穿謊言？

——從「證詞」思考

20分鐘

誰吃了餅乾？

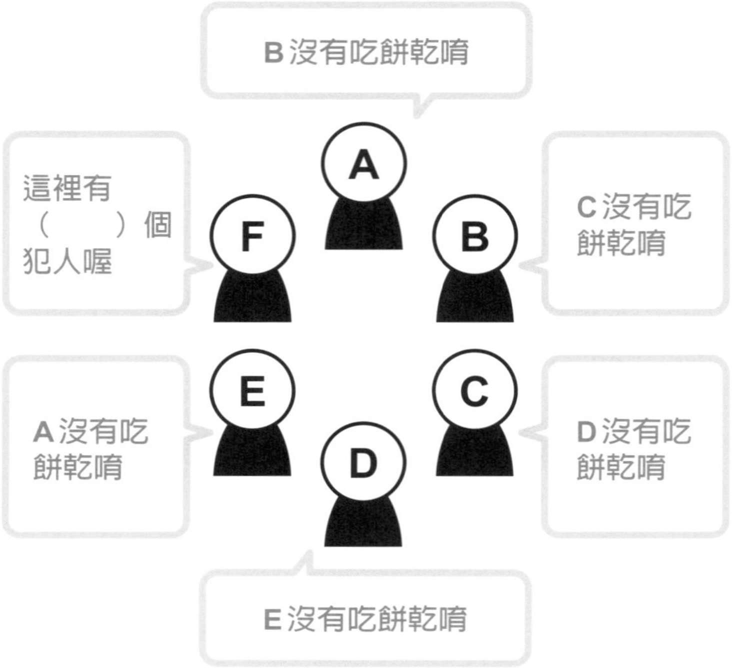
B沒有吃餅乾唷
這裡有（　　）個犯人喔
C沒有吃餅乾唷
A沒有吃餅乾唷
D沒有吃餅乾唷
E沒有吃餅乾唷
A
B
C
D
E
F

接下來的邏輯謎題尚未設計完成，在（　）裡要填入的數字還未決定。

若要讓這個問題成立，必須填入什麼數字呢？

桌上原本放了大約十片餅乾，現在全部都不見了。

犯人就在上圖的六個人當中。

在上圖的六個人之中，偷吃餅乾的人說了謊。

沒吃餅乾的人則說了實話。

偷吃餅乾的犯人是誰？

放入數字100試試看

B沒有吃餅乾唷
C沒有吃餅乾唷
D沒有吃餅乾唷
E沒有吃餅乾唷
A沒有吃餅乾唷
這裡有（100）個犯人喔
A
B
C
D
E
F

這個問題的思考方式

思考沒有進展時，什麼數字都可以，那麼就試著放入一個數字吧。

我們先放一個數字。

如上圖，放入一〇〇這個數字試試看。

首先，這裡明明只有六個人，F卻說犯人有一〇〇個，所以F說謊。

既然如此，那麼偷吃餅乾的人就是F。

但是，這樣就可以了嗎？

如果這樣出題，應該會有人說：「說不定A、B、C、D、E也說謊，所以這個問題不成立。」

於是，這個問題的答案就變成「**犯人只有F，又或是A～F的所有人**」。

A～E這五個人當中，誰說謊、誰說實話，都無從得知。

各位一一試過就能知道，如果這五個人當中有人說謊，就會有連鎖效應，演變成每一個人都說謊。

試著放入數字5

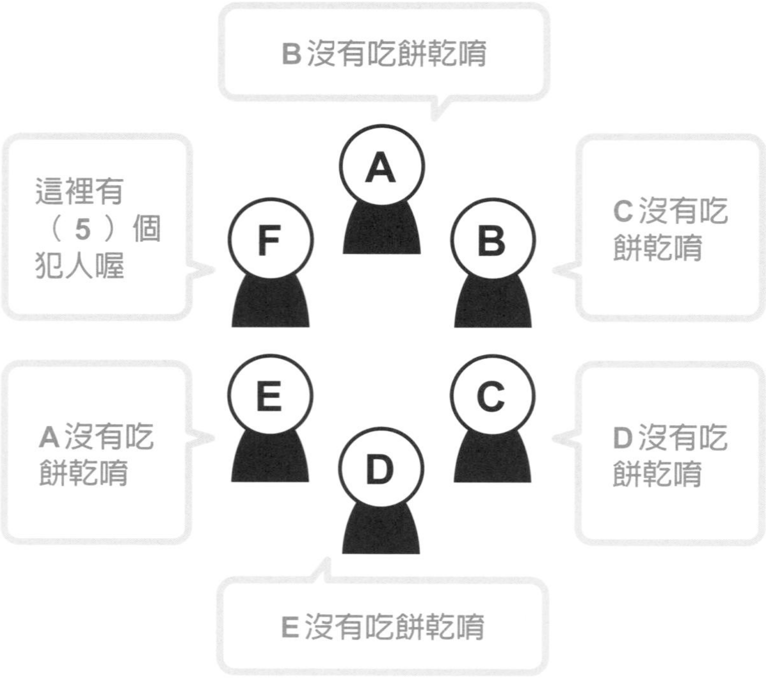
B沒有吃餅乾唷
C沒有吃餅乾唷
D沒有吃餅乾唷
E沒有吃餅乾唷
A沒有吃餅乾唷
這裡有（5）個犯人喔
A
B
C
D
E
F

接下來，思考5這個數字吧。

由於除了F以外還有五個人，所以當F說犯人有五個人時，各位不會覺得他在說實話嗎？

倘若F說的是實話，那麼，另外五個人就是偷吃餅乾的犯人。

如果F說謊，情況又是怎麼樣呢？

F明明自己把餅乾全部吃掉，卻想推給其他五個人。

假設F說謊，那A～E五個人就是說了實話，這也是成立的。

也就是說，這個問題的答案是「F是犯人，又或者A～E五個人都是犯人」。

那麼，能不能把答案減少至一個呢？

現在試著放入數字1吧。

假設F說的是實話。

試著放入數字1

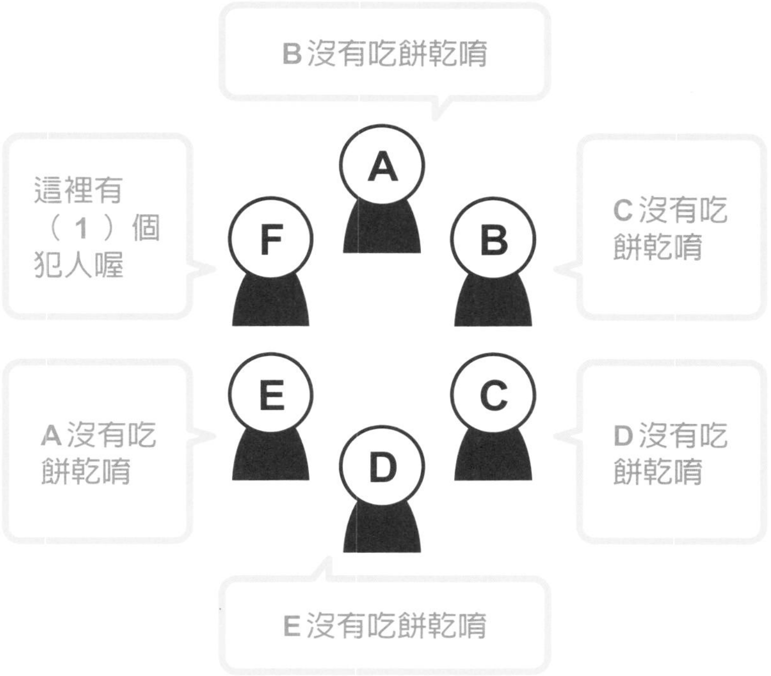
B沒有吃餅乾唷
C沒有吃餅乾唷
D沒有吃餅乾唷
E沒有吃餅乾唷
A沒有吃餅乾唷
這裡有（1）個犯人喔
A
B
C
D
E
F

雖然有一個人是犯人，但是A～E五個人個別說是不同人「沒有吃餅乾」，所以，如果其中一人是犯人的話，其他人也都是犯人。

那麼，就假設F說謊吧。

F是犯人。這樣就是解答了嗎？

由於犯人一定會說謊，這種狀況就會變得很奇怪。

F所說的「這裡有一個犯人」會變成實話。

但是，如果其他人也一起吃了餅乾，那又會如何？

比方說，假設A也吃了餅乾。這樣的話，F就是犯人。

然後，倘若A是犯人的話，那麼B也是犯人，C、D、E也都是犯人。**結果就會推導出所有人都偷吃餅乾的答案**。

這麼一來，除此之外的答案都會消失，所以這個問題是成立的。

附加謎題② 數迴

難易度★★★★★

請按照規則劃線。

規則

- 在點與點之間劃線，將整體連成一個完整的迴路。
- 寫在格子（四個點之間）裡的數字，代表該格有幾個邊（線）。
- 線不可中斷或交叉。

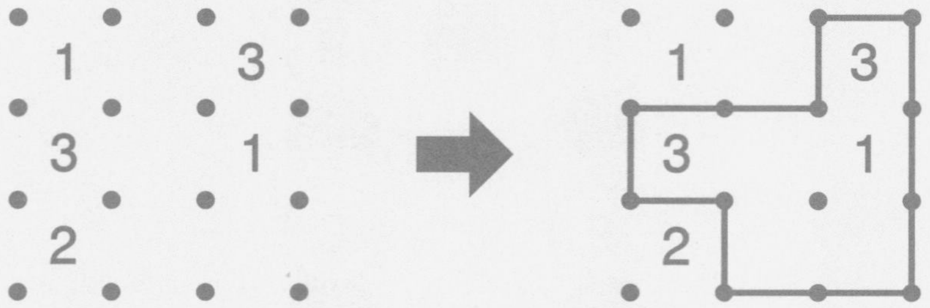

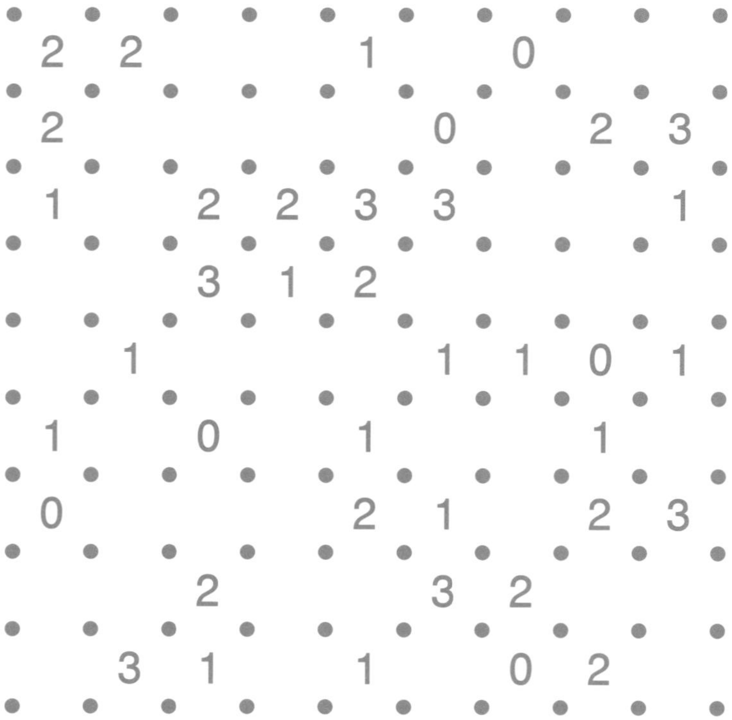

解答請見第 127 頁

第三章

確實理解

用自己的話語
清楚整合的訣竅

13 試著對「理所當然的常識」抱持疑問

1＋1＝2？

使用淺顯易懂的方式對某人正確傳達某事時，有一個絕對必要的重點。

那就是自己先理解這件事。

這是理所當然的，人們無法用簡單易懂的方式，將自己不理解的事情正確傳達給他人。

那麼「理解」是怎麼一回事呢？

現在來試著思考以下這個問題。

1＋1＝2

這是誰都會的加法算式。

但是，如果小孩子問你「要是把1杯水跟另1杯水倒進大杯子裡，那還是1杯水啊。這樣不是1＋1＝1嗎？」你會怎麼回答？

就像這樣，對於已理解又理所當然的算式，都能提出「為什麼」的疑問。

回答「為什麼」

接下來，請用簡單易懂的方式，說明「1＋1＝變成很多1」為什麼是錯的。

各位能說明嗎？

明知「1＋1＝1」這樣的算式有誤，不過面對問題時，各位是否會這麼想：「咦？這要怎麼說明才好？」

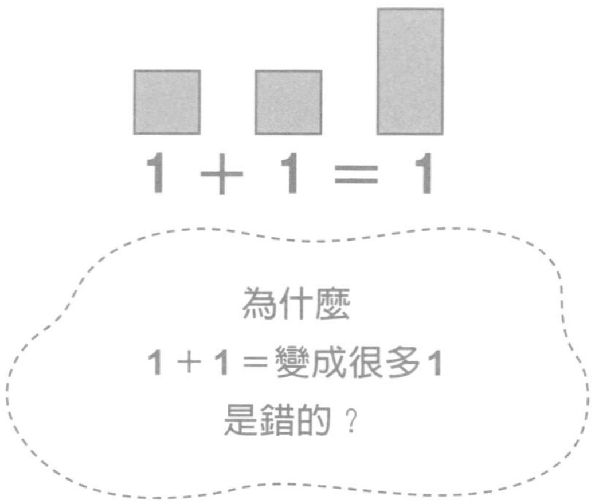

邏輯思考的要領3

若非真的理解就無法說明清楚

接著，藉由以下這對父子的對話來嘗試拓展思考吧。

兒子：「要是把一杯水及另一杯水倒進大杯子裡，就會變成一個裝滿水的大杯子，這樣就是一杯水嘛。這不是『1＋1＝1』嗎？」

父親：「不是，那樣是2杯份的水量裝進1個大杯子裡，所以是2喔。」

兒子：「因為是裝在1個杯子裡，所以是1吧？為什麼裝在1個杯子裡，答案卻是2呢？」

父親：「杯子變大了不是嗎，是2杯的份量喔。」

兒子：「我之前看書上寫1顆蘋果加上1顆哈密瓜等於2顆，所以大小沒有影響嘛。就算是1隻螞蟻跟1頭大象，也是1＋1＝2不是嗎？那這樣的話，水裝在大杯子裡也還是1對吧？哈密瓜比蘋果大唷。大象才是大的杯子喔！」

父親：「但是1顆蘋果加上1顆哈密瓜不就是2嗎？」

兒子：「把兩種都榨成果汁倒進杯子裡的話，還是會變成1？」

父親：「……」

兒子：「為什麼？為什麼？為什麼是2呢？」

父親：「確實，你的想法不無道理。但是這在算數的世界裡會變成錯的喔。算數有算數的規定。」

兒子：「算數的規定？」

父親：「一定要按照算數的規定去計算才行。一開始裝在杯子裡的水規定為1，接著再加上也是規定為1的水。」

兒子：「嗯。」

父親：「不可以改變規定喔。這是1，那也是1；訂下這種規定的這個杯子跟那個杯子的水，加在一起就是2。算數裡沒有『變成很多1』的這種說法。」

像這樣試著去說明，就能夠確認自己的理解程度。就算是自以為理解的常識，到底是不是真的理解也很難講。

14 對「為什麼」提出答案

尋找相似的事物

請嘗試思考下面的問題。

日本的交通號誌燈色有藍、黃、紅。但是，藍燈實際上看起來是綠色的。

「明明是綠色的，為什麼叫作藍燈？不是綠燈嗎？（譯注：藍燈的日語爲『青信號』，日文的『青』爲『藍色』。）」

如果有人這樣問，你怎麼回答？

這種情況，先尋求相似的事物。

現在就來尋找「實際上是綠色，卻稱作藍」的相似事物吧。

「尋找相似事物」也是一種有效的邏輯思考法。

舉例來說，青りんご（青蘋果）是綠色的；青のり（青海苔）也是綠色的；青ネギ（青蔥）與青唐辛子（綠辣椒）也都擁有鮮豔的綠色。

縱使沒有知識，也能根據這些資訊判斷青りんご（青蘋果）與青唐辛子（綠辣椒）明明都是綠色，卻用青（藍）來表達。可見得日本人以前就習慣把綠色稱作青（藍）。

這樣的話，比起只是回答「我不知道耶」，更能讓他人覺得「你有在思考」。

調查表達的差異

但是，這樣還是沒解決「為什麼」。

各位會不會覺得表達顏色的詞彙有些奇怪之處？

例如：「青（藍）、赤（紅）、黑（黑）、黃色（黃）……為什麼在日文裡，只有黃色（黃）帶有『色』這個字？」

而且，青い（藍色的）、赤い（紅色的）、黒い（黑色的）、白い（白色的）、黃色い（黃色的）、桃色の（桃色的）、綠色の（綠色的）……名稱後面有「い」的顏色，大概也就是青い、赤い、黒い、白い這四種（譯注：名詞後面接い就會變形容詞）。這是為什麼呢？

經調查，日本古代的顏色只有四種。

但是，擁有日本傳統名稱的顏色明明有上百種，真讓人難以置信。

的確，在《日本書紀》與《古事記》裡出現的顏色，主要只有「紅」、「黑」、「白」、「藍」而已。

根據這兩本書，可知這四種顏色在過去似乎是指光亮的程度。「紅」表示跟太陽一樣明亮；「黑」表示昏暗漆黑；「白」表示拂曉一般的朦朧；「藍」則表示介於中間的模糊色。

思考從未注意過的「為什麼」吧！

藍
~~綠~~燈

為什麼不是綠，而是藍？

藍
~~綠~~蔥

藍
~~綠~~蘋果

藍
~~綠~~辣椒

還有各式各樣的「為什麼？」

- 為什麼鍵盤的字母配置不是按照ABC的順序排列？
- 為什麼一般文件的尺寸有A4與B5，卻沒有C ？
-
-

解答這種「為什麼」，能夠練習邏輯思考。而且透過這種練習得到的答案是新鮮的知識，容易留在記憶裡。

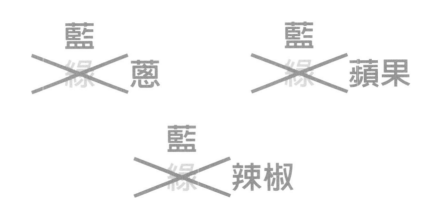

15 調查不了解的事情

思考「為什麼」，可以加深並擴展理解力

我們在前面思考了「1＋1＝1」與「藍燈的顏色」這兩個問題。

如同這兩個問題，思考「為什麼」能加深並擴展理解力。

據說發明王湯瑪斯・愛迪生，也曾經這麼問過老師。當時，老師用黏土教導1＋1＝2的算式，他問老師：「1＋1不是會變成很大的1嗎？」因為把兩塊黏土揉成1團，就會變成一個很大的1嘛。

從周遭事物中找到許多細小的「為什麼」，可以擴展你的理解力與思考力。

另外，思考「為什麼」也有助於增加知識量。

產生「為什麼」的疑問時，倘若好好調查，而不是放任不管，找出來的答案就會與你腦袋裡的其他知識產生連結，進而形成新的知識。

而知識又與理解密切相關。

知識的連結能提升理解力

朋友的哥哥說：「我在學習ㄓˊㄕㄨˋ。」T對這個詞彙感到好奇。

於是，T決定調查「ㄓˊㄕㄨˋ」是什麼。

「原來ㄓˊㄕㄨˋ的寫法是質數呀。嗯嗯。『質數是在大於1的自然數中，正因數只有1與該數字本身的數』。自然數是什麼？因數是什麼？『正』又是什麼？」

T完全無法理解，遂停止調查，因為那些內容太過困難而放棄了。

雖然試著調查，卻因為太難而無法理解。我想你應該也跟T一樣，有過這樣的經驗吧。

那麼，無法理解的原因是什麼？是因為理解力本身不足嗎？

以T的情況來講，與其說他理解力不足，不如說他是**知識不足導致無法理解**還比較合理。

也就是說，面對自己產生的疑問，可透過閱讀等方式接觸許多資訊，像這樣增加知識的碎片，對於理解事物來說也是必須的。

「調查不了解的事情」會深化理解力

為什麼？ 知識 原來如此

你知道以下詞彙的意思嗎？

解決方案（solution）

行銷（marketing）

商品企畫（merchandising）

解答範例

何謂解決方案：用以解決事物、商業或服務之問題與課題的資訊系統或服務。

何謂行銷：讓生產者順利地將商品或服務提供給消費者的一種概念。

何謂商品企畫：為了讓消費者購買商品而進行企畫、開發、策畫銷售方法或服務、價格設定等等。

「知識」會成為思考的「素材」。
加深對事物的理解並擴展知識庫，就能運用在邏輯思考上。

16 嘗試質疑身邊的事物

包含理所當然的常識在內，嘗試質疑各式各樣的事物，能激發出嶄新的想法。

例如，哲學家笛卡兒質疑世界上的所有事物，所以才有「我思故我在」這樣的想法。

換言之，他導出這樣的結論：縱使質疑一切，**「此刻沉浸於各種思考的自己就在這裡」，只有這件事無庸置疑**。

透過質疑理所當然的事物，發現過去從未注意到的事情，讓自己產生嶄新的思想，相信你也能實際體會到這種感覺吧。

這樣做就可以產生嶄新的想法

當某人對你說「這是常識喔」，讓你不禁好奇「什麼是常識」……你有過這種經驗嗎？

試著思考什麼是常識以後，會覺得那應該只是單純的個人主觀。

因為，**自己視為的常識，只不過是自己認定「一定是這樣」，但只要換個對象或場合，往往很多情況都不適用**。

你會不會覺得，既然如此，那麼打破「大家視為常識」的成規也沒關係吧？

像這樣質疑常識，就能打造出創新的商品與服務，或是產生嶄新的想法。

比方說「茶是一種親自泡出來的飲品」，現在這個常識已經崩壞，自動販賣機及超商、超市，到處都在販售現成的茶飲商品。

另外，聽說許多洗衣店都有這種困擾——「客人不來取件，導致店內沒有足夠的空間可以放置衣服」。

這樣的情況，店家只能不斷地聯絡客人來取件嗎？

顛覆「請客人來取件」這項常識的服務方式，應該也想得出來吧。

常識可以說是這個時代、這個地方的主流共識所形成的流動知識。

因此，隨時質疑並刻意跳脫常識，就有機會創造出大眾認為最先進、劃時代或嶄新的商品及服務。

然後，這些嶄新的事物，就會成為點綴這個時代或這個地方的新常識。

從質疑常識開始吧

例如……

常識		疑問		新商品
手機是用來打電話與傳簡訊的工具	→	如果加上相機功能，或許會很方便？	→	附帶相機功能的手機

試著思考 B 格的內容吧

A 常識		B 疑問		C 新商品
隨身攜帶現金	→		→	信用卡

解答範例
- 不能數據化嗎？
- 現金真的有必要嗎？
- 不是現金就不能結帳嗎？
- 不能以其他形式建立「信用」嗎？

試著思考 C 格的內容吧

A 常識		B 疑問		C 新方式
跟以前的朋友取得聯繫很困難	→	試著用網路去解決會怎麼樣？	→	

解答範例
- 利用社群網站的服務
- 使用搜尋引擎
- 製作個人網站

17 不能光靠死背

理解與死背的差異

「確實理解」與「只是死背」的效果大不相同。

死背雖然能夠讓人重述所記住的事，但是若不理解事情本身，就無法藉由比喻的方式讓整件事情變得簡單，也無法統整或用淺顯易懂的方式解釋吧。

舉個例子，現在我們來嘗試思考梯形的面積。

梯形的面積公式為「(上底＋下底)×高÷2」。

假設上底是3cm，下底是9cm，高則是7cm，就能列出下述的算式：

$(3+9)\times 7\div 2=42\text{cm}^2$

而你認為「這樣計算就好了」，如果像這樣死背公式的話，或許你並不是一個擅長質疑的人。

「為什麼是上底＋下底？」

「『÷2』是指什麼？」

「哪裡都沒有2這個數字，為什麼是『÷2』？」

像這樣抱持疑問並能夠成功解決疑惑的話，即使不小心忘記梯形面積的公式，也可以自己重組公式。

這就是理解與死背的差異。

只要理解，就能應用

比方說，第一次來到東京都內的人，搭電車要轉乘時可說是相當辛苦。

大家只能依賴事先查好的資訊，根據指示去搭車。

東京都的交通路線相當複雜，但是通曉路線的人即使在某個路線上碰到交通事故，也能運用其他路線安排前往目的地的方法，隨機應變。

第一次來到東京都內的人，「知道」前往目的地的方法；通曉東京都交通路線的人，則是「了解」前往目的地的方法。

光是「知道（死背的狀態）」的話，就完全無法應用，只能應對已知的事情。

另一方面，如果是「了解（理解的狀態）」的話，就算他人提出各種不同的問題，也能夠妥當應對。

光靠死背不算是「理解」

比方說在電話接線生之中，有人只會按照手冊回應來電者（死背）；有人則能立刻理解對方想問的事情，以隨機應變的方式應對（理解）。

➡ 不要「死背」，而是要「理解」

縱使想要以具邏輯性的方式思考事物，也無法在不理解的情況下深入思考，同時更無法加以應用。

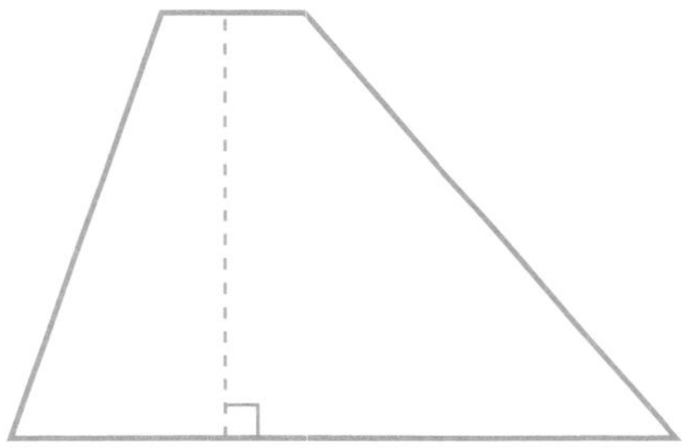

梯形的面積是「（上底＋下底）×高 ÷2」
但是為什麼是這樣？請思考看看。

因為

解答範例 因為，將兩個梯形以上下顛倒的方式排在一起就會變成平行四邊形。將平行四邊形斜邊突出來的部分分割之後重新排列，就會變成長方形。思考長方形的面積求法，就能證明梯形公式的正確性。

18 用自己的方式整合自己所理解的事

確認自己是否理解

將同樣的梯形迴轉一八〇度並緊緊貼合，就會變成平行四邊形。

這時，也可以質疑「真的變成平行四邊形了嗎」並調查一下。

平行四邊形與長方形的面積能夠用同樣的方式計算，對於這件事，自己也「理解」了嗎？

自己是理解還是死背？是自以為了解，還是因為它是常識就認同了？

「自己真的理解了嗎？」當自己有這種質疑時，有一個方法能輕鬆解惑。

那就是，**試著說明看看**。

你可以實際嘗試向他人說明，或者是自言自語解釋。

在心裡扮演講師

比方說，你可以假裝自己是某場小講座的講師，用這種方式嘗試說明看看。

請試著想像前來聽你說明的聽眾，對於你接下來要說明的那件事，比你預期的理解程度更低。

「人，只是定下開心的預定事項，就能提升幸福感。例如『在努力了一整天之後暢飲啤酒』，光是這樣想就能提升幸福感與幹勁。」身為講師的你在這樣說明之後，在場聽眾立刻有人提問「去高檔餐廳消費算是開心的預定事項嗎」、「比如說『天氣好的話，就去海邊玩』這樣的不確定事項呢」、「其實可能會有一點點『不開心』也算嗎」、「就算不努力，最後還是會喝啤酒吧」等等，正因為是心裡的想像，聽眾才會提出帶有吐槽意味或根本無所謂的問題。

你在回答那些問題時，**會先在腦中整理知識與資訊**。

向他人說明的時候，可以說「換言之，這是〇〇……」、「總而言之就是這麼一回事」，像這樣把能夠整合的事情，全部統整在一起。

如果自己對於任何事物並未確實理解，那就無法好好整合。這麼做可以檢驗自己的理解程度。

你是否理解？嘗試說明看看吧

例題

為什麼會有四季？請試著填寫以下空欄

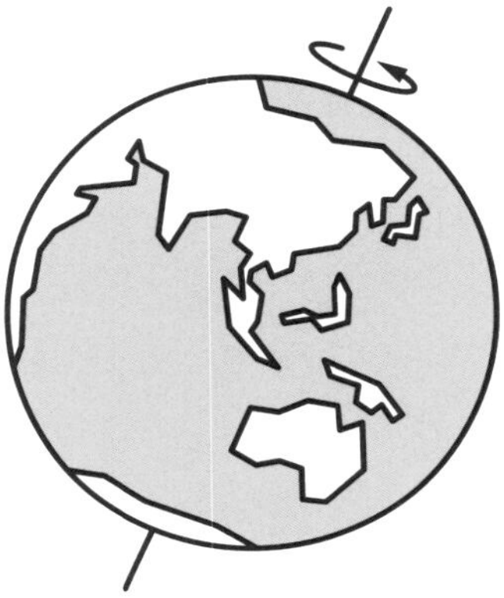

地球會用1天的時間，自己繞圈一般地（①　　　　）。
然後會用（②　　　　）年的時間，繞著太陽（③　　　　）。
地球的（④　　　　）約傾斜23.4度。
因此，隨著太陽的位置不同，1天當中的（⑤　　　　）量也會有所差異。
這個不同，創造出夏季與冬季。
夏季為什麼會炎熱？

原因有以下2個：
第1個原因是光照（⑥　　　　）。
第2個原因是夏季的陽光幾乎是（⑦　　　　）照射，所以光照較強。
冬季反之，至於春季與秋季則不受（⑧　　　　）傾斜的影響，所以比夏季涼爽，而且比冬季溫暖。

解答範例　①自轉　②1　③公轉　④地軸　⑤陽光　⑥時間長　⑦垂直　⑧地軸

19 用「舉例」思考

如何靈活運用理解

要將自己理解的事情傳達給某人時，有一個方法可以用來讓事情變得簡明易懂，提高對方的理解程度。

那個方法就是「比喻」。

現在示範一下，我要說明「社會性懈怠（social loafing）」這個詞彙。

這個詞彙所指的是「當許多人同時做一件事，每一個人付出的努力就會減少」的現象。

舉例來說，假設你參與一場遊戲，這個遊戲要在一幅很大的畫裡找出隱藏的時鐘。

如果一個人玩，就非得要靠自己找出那個時鐘。

如果是十個人一起玩，自己心裡就會閃過「反正其他人也會找」的想法，縱使自己並非刻意偷懶，也不會像一個人找的時候那樣拚命。

另外，**例如**《拔蘿蔔》這個故事，一開始只有爺爺一個人在拔蘿蔔。

如果，爺爺使出的力量是十成，那麼他和眾人及其他動物一起拔蘿蔔時，使出的力量應該只有八、九成吧。

並不是人數增加多少，就會得到相當於這些人數的成果。

這就是「社會性懈怠」的「舉例」。

易於想像

像這樣**用舉例去展現具體的例子，能讓聽者更易於想像**。

如此就能讓聽者覺得「喔，原來是這樣，原來是在說這個啊」，以舉例提高了聽者的理解程度。

我在P92的問題11，準備了以諺語為例的思考題目，例如「連猴子也會從樹上摔下來」、「一石二鳥」、「笑掉大牙」等等。

平常就要自問：「比如說……？」為了能用簡明易懂的方式將事情傳達給他人，我們要習慣用舉例來思考。

如此一來，自己對事物的理解程度與表達能力應該都會有所提升。

改成以「舉例」進行簡報

如果用「舉例」進行簡報……

- 能讓他人更容易理解商品或服務
- 有利於讓他人認識
- 讓對方更願意展開行動

大腦的額葉似乎有決策與整合腦部全體的功能喔。

↓

舉例來說，就像是飛機的駕駛艙或管弦樂團的指揮。

▼

對方領會理解

只要靈活運用「舉例」，
就能成為「善於表達」的人！

你會如何「舉例」？

有時候，如果一段話裡中英文夾雜，
這段話就會變得很難懂呢

↓

舉例來說

解答範例 如果有人說：「今天的agenda（**議程**）是那個嗎？那件事是pending（**待決事項**）對吧？先稍微蒐集一下evidence（**提案根據**）吧……讓那個會議delay（**延期**）。」這樣的說話方式會讓聽者一頭霧水。

問題9

（西式甜點店的問卷調查）

遺漏的選項是什麼？
——用「MECE」思考

30分鐘

每個選項都不符合的時候該怎麼辦？

★請問您如何得知本店？

1. 從前就知道有這一家店
2. 偶然看到店面
3. 朋友或熟人的介紹
4. 報章雜誌或街上的廣告
5. 廣播

西式甜點店AKASATA在當地頗受歡迎，有一次員工Y製作了該店網站的洽詢信箱表格。

「做好了！」

員工Y做好洽詢信箱表格之後，趕緊拿給店長看。

洽詢信箱表格上有姓名、性別年齡、電子郵件地址、電話號碼等數個欄位，而在洽詢內容欄位的上面，還有一段如上圖的問卷調查。

店長看了以後，嘆了一口氣。

「這份問卷啊，最好再增加第六跟第七個選項。你知道缺了什麼選項吧？」

「第六跟第七個選項？」

「你想想，我們當初是為了什麼而製作

用MECE思考吧

・從網路得知的人呢？

・在里民大會上得知的人呢？

・偶然看見包裝紙袋而得知的人呢？

這些人會怎麼填問卷？

※MECE是Mutually Exclusive and Collectively Exhaustive的首字母縮寫，意思是「互不重複，毫無遺漏」。

AKASATA的網站？」

「因為使用網路搜尋店家的人變多了，對吧？」

「沒錯。那就是答案。」

「……網路就是答案？」

「還有，如果有人在里民大會上發送我們的泡芙，透過這種方式得知這家店的人要選哪一個選項？」

Y立刻說：「哎呀，我認為那種情況不常見，所以……」

「那麼在電車上看到我們的包裝紙袋的乘客呢？」

「哎呀，那也是少數吧？」

「所以說，我問你遇到這種不常見的狀況該怎麼處理？」

前一頁洽詢信箱表格的案例，就是上圖MECE所說的「遺漏」。

這樣會讓許多人無法選出「如何得知本店」的選項並感到困擾。那麼，遺漏的選項是什麼？

這一次多加了一個「其他」的選項……

請選一個選項並畫○喔！

1：自己享用　　2：送禮用

3：當作伴手禮　　4：慶祝紀念日

5：買給家人　　6：商業場合用

7：其他（　　　　　　　　）

這個問題的思考方式

答案是「搜尋引擎」與「其他」。

倘若沒有這兩種選項，問題就會變得很難回答。

接下來，針對MECE的「重複」，再來看看剛才那個例子吧。

店長向Y表示，想要在店裡放一些問卷，於是Y製作了小張問卷。

看來，店長似乎想要了解顧客是基於什麼樣的用途而選購甜點。

於是，店員Y就把問卷內容製成上圖的樣子。

Y反省了先前製作洽詢信箱表格的錯誤，並確實把「其他」這個選項放入問卷。

這一次他可是充滿自信。

「店長！我做好了！用這個影印吧！」

「嗯？啊、不，這個……」

「又怎麼了嗎？」

「如果某公司的員工，把我們的甜點當成伴手禮，帶去另一家交情深厚的公司，這種情況應該選三還是六？」

如何才能避免「重複」與「遺漏」？

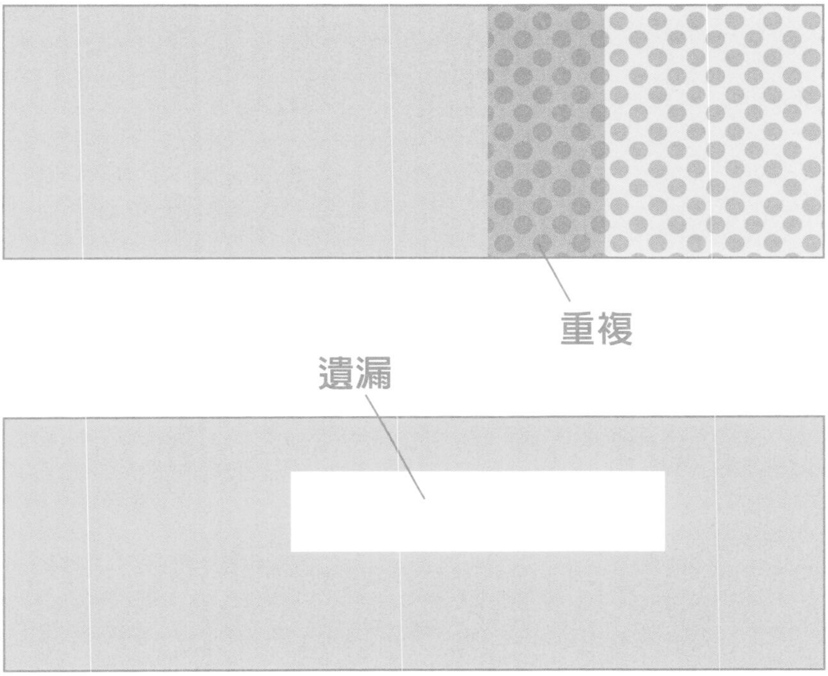

「呃……」

Y想了一下。

「家人之間的紀念日該怎麼選？選二？還是五？」

「這個嘛……」

這是相當於MECE「重複」的部分。

即使選項是這樣設計，倘若可以複選，問卷還是能夠使用；倘若只能單選，就令人難以回答，願意填寫問卷的人應該會迅速減少吧。

如果把MECE的遺漏與重複畫成圖像，就會如同上圖。

舉例來說，如果把生物分成「動物、植物、人類」，動物與人類就會重複。

這樣思考，讓人覺得MECE真的非常困難呢。

20 充分確認是否「真的需要」

MECE無法網羅一切

MECE是邏輯思考中的一種基本思考方式，不過並不是「所有事情都要用MECE處理」。

例如，性別欄位大部分都是做成圈選「男、女」其中一個選項。

如果要用MECE嚴謹地處理性別欄位，就會變得非常困難。

尤其是平常難以注意的遺漏之處，若是一直追查「有無遺漏」，光是處理這個細節便曠日廢時。

MECE也無法太過嚴謹地持續追查下去。

前面提到的生物分類也一樣，只要不是學者專家，一般人覺得現階段分成「動物、植物、其他」就好了。

MECE的優點是**「既無缺漏也無重複」的簡潔明瞭，而且能夠縱觀並掌握整體的個別部分**。

在意細節時，只要好好思考「這對達成目標來說，是否具備必要性」，這樣應該就沒問題了。

預先知道就能提高效率

舉個例子，假設A要整理出「前往邏輯車站周邊二十處景點的交通方式」，並刊登在網站上。

倘若前往「邏輯櫻花公園」，必須搭乘電車前往鄰近的「思考車站」，再從車站步行二十分鐘。

前往「邏輯電影館」，則要搭乘車站前的巴士，約三十分鐘車程；前往「邏輯會館」，則要先步行八分鐘，抵達碼頭後搭乘渡輪，約十五分鐘路程。

於是，A順利整理好二十處景點的交通方式。

上司看完之後，說了一句：「路面電車及接駁巴士不利用嗎？」A頓時啞口無言。

A忘了把路面電車及接駁巴士統整進去了（**遺漏**）。

就像這樣，如果在有遺漏或重複的狀態下思考或進行作業，遺漏的部分就會一直遺漏，重複的部分依舊重複，直到最後才會產生影響，這樣的情形相當常見。

只要先掌握MECE的原則，就能**減少做白工，思考也會變得有效率**。

MECE能夠縱觀整體中的個別項目

某間可麗餅店打算宣傳新商品

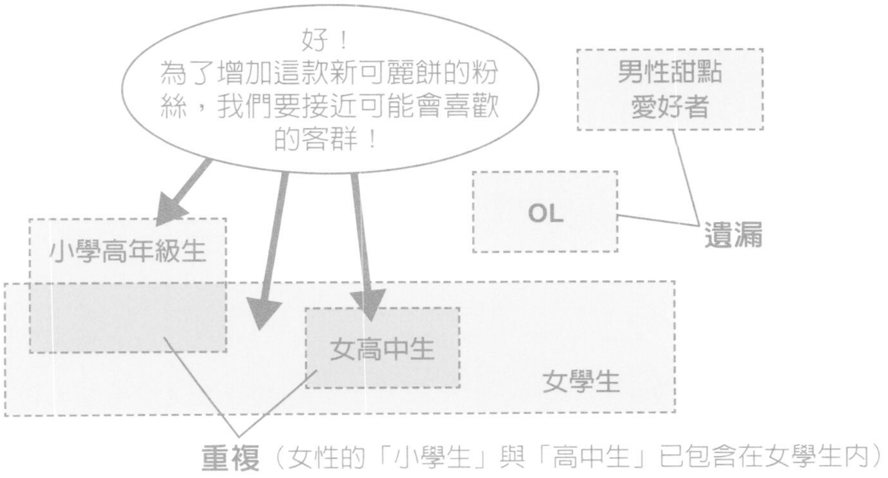
好！
為了增加這款新可麗餅的粉絲，我們要接近可能會喜歡的客群！
男性甜點愛好者
OL
遺漏
小學高年級生
女高中生
女學生
重複（女性的「小學生」與「高中生」已包含在女學生內）

需要MECE的情況
- 掌握顧客的年齡層與職業等資訊
- 找出能提升營業額的要素
- 將調查結果整理成表格
- 製作各縣市的某種排行榜
- 管理業務流程
- 規畫事情

……等等

不需要MECE的情況
- 為了不讓職業選擇欄有所「遺漏」，詳細找出所有職業
- MECE超出一般常識時，例如性別等等
- 討論點子
- 時間有限，MECE會導致效率不佳時

……等等

MECE就是「不重複，毫無遺漏」，
排除工作上不必要的事物。

問題 10

〔日常生活物品〕

如何向不知道的人說明物品？

——思考「知識」

25分鐘

就算是理所當然的事情，一旦你要向誰說明，還是會覺得困難。

現在，假設有一個人完全不認識日常生活用品，請你嘗試用自己的話向對方說明。

例如，試著讓不認識杯子的人了解杯子這個物品。

如果已經說明過杯子，接下來就試著說明門吧。

請直接寫在上面的空格裡。

試著用自己的話說明看看吧

如果向不知道杯子是何物的人進行說明，該怎麼做？

如果向不知道門是何物的人進行說明，該怎麼做？

哪個詞彙會與對方的知識產生連結？

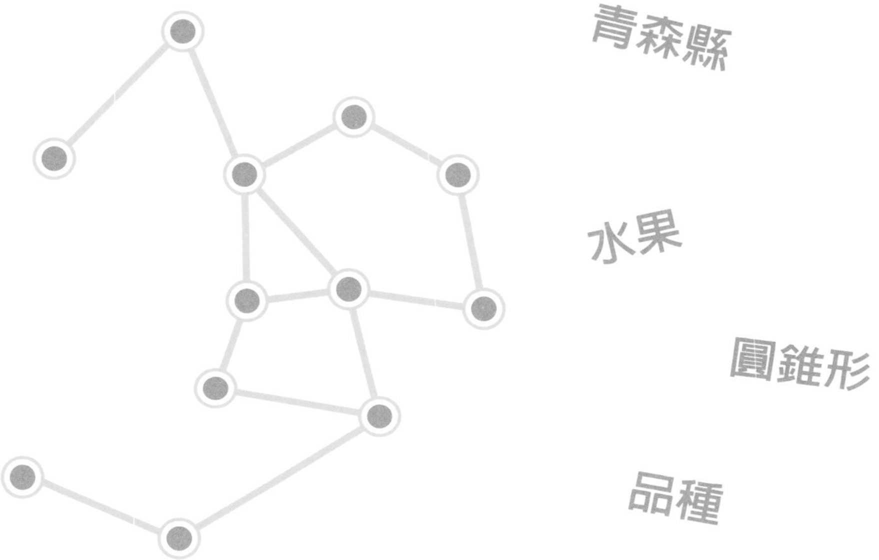

這個問題的思考方式

杯子是「喝飲料、喝水時用來盛裝的容器」，對吧？

門則可以解釋為「劃分房間與走廊、住家與戶外的開關式間隔屏障」等等。

順帶一提，字典提供的定義如下：

杯子：喝飲料、喝水時所使用的圓錐形容器。

門：可以開關的出入口。

我們在說明某件事物時，一定會結合過往至今的記憶，再化為言語。

如果要說明蘋果，就會浮現水果、紅、青森、甜、清脆、超市等記憶，以腦中的知識進行說明。

例如：「蘋果是一種水果，主要產地是青森縣。蘋果擁有紅色的果皮，口感清脆、味道甘甜。在超市，可以用兩百圓左右的價格買到。」

重要的是，選擇能與對方的知識產生連結的詞彙。

問題 11

〈諺語〉如何「舉例說明」？

——用「例子」思考

30分鐘

提到商業場合，在許多場面都會有人說「舉例來說是這樣……」，像這樣以「舉例說明」的方式來換句話說，就能讓敘述的內容變得比較容易理解。

諺語是從古代使用至今的俚俗語，只要妥善運用，就能在對話中展現知性，或是清楚表達自己想說的事情。

但是，若要運用諺語，就一定要正確地了解其涵義。

現在我想要把諺語的涵義當作題材，用來練習如何運用「舉例說明」。

這種練習也能在商業方面鍛鍊不可或缺的創造力與發想力。

舉例說明諺語吧①

連猴子也會從樹上掉下來（意思：再擅長某件事的人也會有失敗的時候。類似於「人有失手，馬有亂蹄」、「智者千慮，必有一失」。）

舉例來說，

一石二鳥（意思：做一件事獲得兩種好處。）

舉例來說，

笑掉大牙（意思：行為荒謬，極為可笑。此為用以嘲弄他人的話。）

舉例來說，

舉例說明諺語吧②

狐假虎威（意思：明明沒有多大的能力，卻仗著他人的權力去逞威風。）

舉例來說，

石橋也要敲著過（意思：形容一個人極其謹慎小心，連堅固的石頭橋也要敲擊後才走過。）

舉例來說，

如虎添翼（意思：比喻強者變得更強。）

舉例來說，

這個問題的思考方式

接下來，我將介紹解答範例。當然，以下列舉的範例並非唯一正解。

連猴子也會從樹上掉下來——舉例來說，即使是每天做飯的母親也會把菜燒焦。

一石二鳥——舉例來說，為了減肥而運動，結果連體力也跟著變好了。

笑掉大牙——舉例來說，自己挖了陷阱，結果自己卻摔進去。

狐假虎威——舉例來說，就像《哆啦A夢》裡的小夫一樣，透過吹噓別人的強大力量（胖虎）去逞威風。

石橋也要敲著過——舉例來說，面對英文單字測驗時，為了絕對不出錯而再三複習。

如虎添翼——舉例來說，A時常在全國性考試獲得前幾名，如今他終於做好面試的萬全準備。他的成績本來就很出色，如果面試的表現也很優異，那就所向無敵了。

問題 12

〈消失的一百圓〉

如何以計算去思考？

——用「圖」思考

25分鐘

接下來的問題要運用理解力來解答。

某間家飾店有三位顧客前來購物。

這三個人一起合買了一個價值三千圓的擺飾，他們一人付了一千圓。

結帳作業是由工讀生負責。

這時，店長從後場走出來對顧客們說「謝謝惠顧」。

工讀生向店長報告那個擺飾賣出去了。

店長說：「那個擺設原本打算要折價五百圓。你去告訴客人有折價，把五百圓還給他們。」說完後，店長又回到後場。

3人各付了900圓

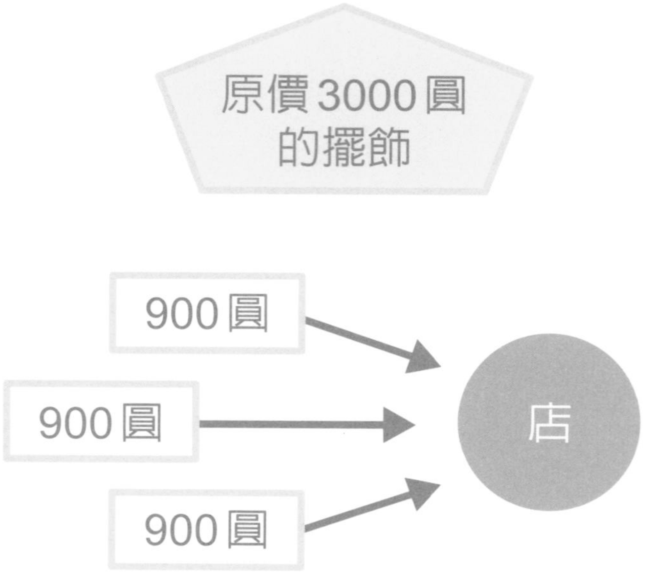

1個人付900圓，
支付金額共計2700圓。

明明應該是3000圓呀？

**加上工讀生偷走的200圓，
就變成2900圓。**

**就算把顧客支付的金額，
跟工讀生偷走的金額加在一起，
還是與原價的金額不符。**

工讀生這麼想：

「那個擺飾是三個人一起付錢，所以用三除不盡的五百圓會讓人很麻煩耶。我看就當作折價三百圓，各還他們一百圓吧。剩下的兩百圓由我收下也不會被發現的。」

接著，他就把兩百圓放入自己的口袋，然後對那三位顧客各退還了一百圓。

如此一來，就變成三個人各支付了九百圓。

九百圓乘以三等於兩千七百圓。

這兩千七百圓，再加上工讀生占為己有的兩百圓，就是兩千九百圓。

奇怪了，明明總金額應該是三千圓，卻少了一百圓。

那一百圓到哪裡去了？

情況應該是這樣……

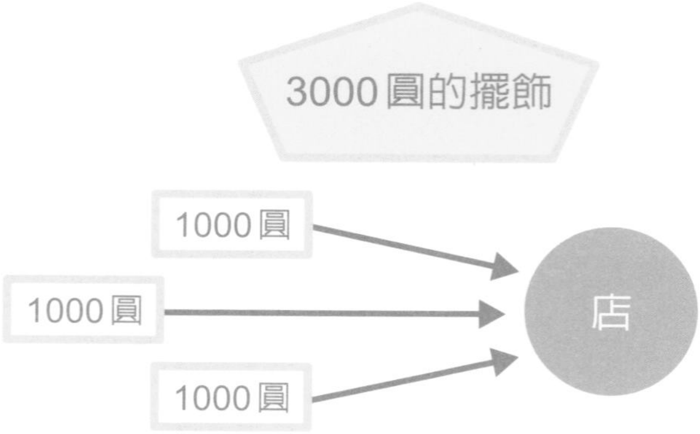

1人支付1000圓，支付金額共計3000圓

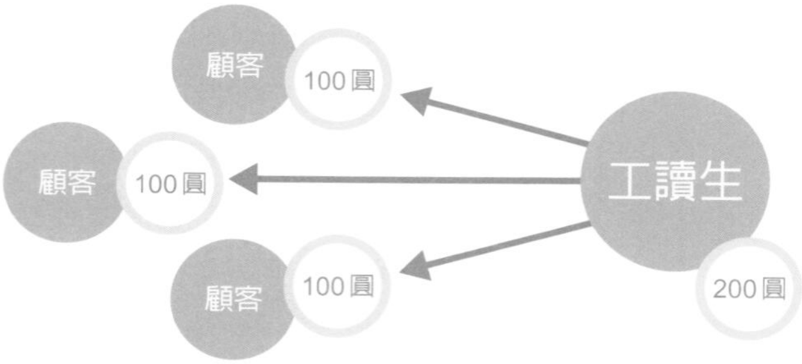

工讀生把200圓據為己有

這個問題的思考方式

先來整理這個問題的資訊吧。

- **顧客購買的是三千圓的擺設**
- **三位顧客一人支付了一千圓**
- **工讀生沒有把折價的五百圓還給顧客，而是只還了三百圓，並把兩百圓據為己有。**

九百圓（顧客支付的金額）乘以三個人，等於兩千七百圓。最後三位顧客是每個人分別支付了九百圓。

把兩千七百圓，加上工讀生據為己有的兩百圓，就會變成兩千九百圓。

問題出在於為什麼要加上工讀生偷走的兩百圓。

我們應該要把還給顧客的三百圓，跟工讀生偷走的兩百圓加在一起，這樣就會得出五百圓的折價金額，但是在前面並沒有這麼做。把被偷走的兩百圓，跟三位顧客各支付的九百圓加在一起，是很奇怪的計算方式。

三位顧客最後支付的總金額是兩千七百圓；而真正的價格是折價後的兩千五百日

倘若擺飾折價2000圓

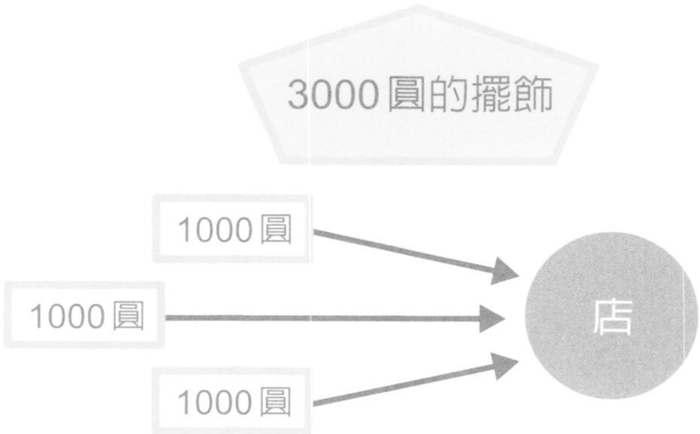
3000圓的擺飾
1000圓
1000圓
1000圓
店

1人支付1000圓，支付金額共計3000圓

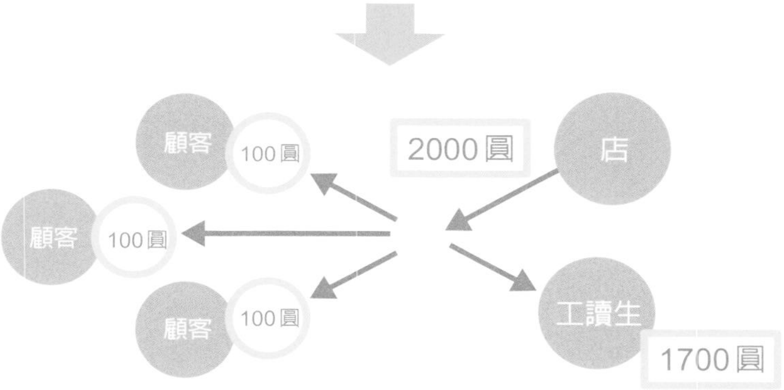
顧客
100圓
顧客
100圓
顧客
100圓
2000圓
店
工讀生
1700圓

由於歸還金額變成2000圓，所以金錢的流向如同此圖

圓；差額則是在工讀生手上。

那麼為什麼這個情況，會讓人以為一百圓消失了？這是因為加上工讀生偷走的金額後，數字很接近三千圓，所以才會導致錯覺。倘若理解力不足，就會像這樣算錯。

接下來，試著稍微改變設定吧。

- **顧客購買的是原價三千圓的擺設**
- **三位顧客每人各支付了一千圓**
- **工讀生並沒有把折價的兩千圓還給顧客，而只是還了三百圓，並把一千七百日圓放進自己口袋裡。**

把顧客支付的二千七百圓，跟工讀生偷走的一千七百圓加在一起，就會變成四千四百圓。這樣的總金額就超過擺飾的定價了。

如此一來，馬上就會發現這個計算方式很奇怪。

工讀生偷走的一千七百圓，是老闆打算歸還的兩千圓的一部分。

跟實際還給顧客的一百圓加在一起，就會變成兩千圓。

附加謎題③　奇形怪狀的池塘

難易度★★★★☆

請按照規則將代表池水的格子塗滿。

規則

- 該塗滿的格子會全部連成一個池塘。
- 左方與上方的數字，代表該列或該行有幾格需要塗滿。
- 畫有★的格子不能塗（那是大岩石）。

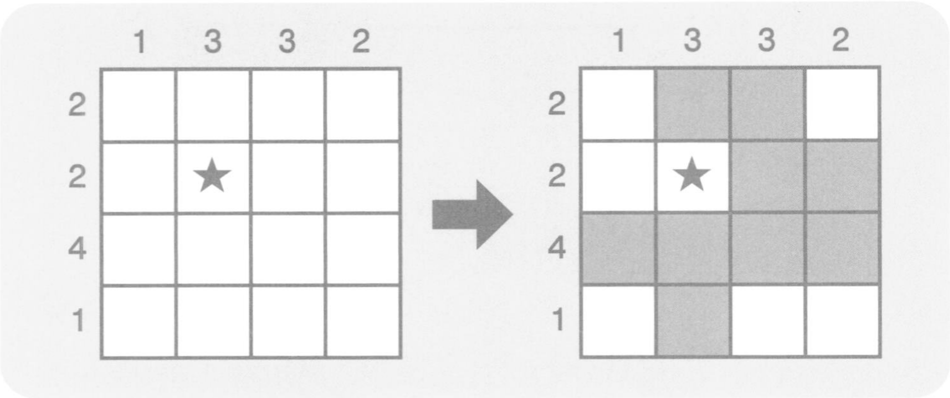

	5	3	3	5	5	3	4	4	9
1									
3					★				
7									
4			★						
6						★	★		
7								★	
2	★								
5			★		★				
6		★	★	★					

解答請見第127頁

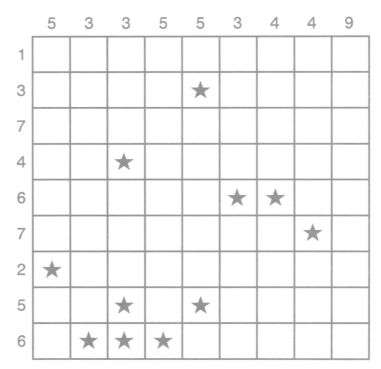

第四章

以簡單易懂的方式傳達想法

對任何人都能
確實說明的訣竅

21 統整腦袋裡的內容

現在，你在想什麼？

「思考」與「化為言語傳達」感覺相像，其實不然。

「我想要你把現在正在思考的事情化為言語」，就算有人這樣說，其實並沒有辦法把思考原封不動地化作言語。

現在，假設有人問：「你剛剛在想什麼？」你的回答如下：

「這個嘛，我剛剛在想昨天看的《魔女宅急便》。為什麼片名是宅急便，而不是宅配便呢？（譯注：日文的『宅配便』意指快遞等配送服務）果然是因為唸起來不可愛吧？」

雖然這樣回答，但實際上腦袋裡想的或許完全不一樣。

「那家麵包店的麵包看起來好好吃。主角老是在吃美式鬆餅，不能跟老闆要那些賣不完的麵包嗎？黑貓……吉吉，在後半段好冷淡呀。失去了魔法就變得不親近了。不過，牠變得很像一隻普通的貓，還是說他其實只是一般的貓？那個場景的歌好好聽喔。」

也許腦海中是這樣的回憶或思考。

浮現於腦海中的一定是片段的印象，不可能從頭到尾都在「思考○○」。

但是，當有人問起「你剛剛在想什麼」的時候，要把那些不明確而雜亂的思考說出來並非易事，所以才會隨口說出片段的印象。

統整思考

一般人都不會把腦袋中所想的事情直接說出來，而是會統整思考，將想法轉換成能傳達給他人的話語之後再開口。

就算只是回答「我剛剛在想《魔女宅急便》的事情」，這也是統整思考後所得出的言語。

雙語者（bilingual）也是很好的例子。

碰到會說英日語的人，讓人想問：「你平常在思考的時候，是用英語還是日語？」

如果對方回答「英語」的話，代表那個人把用英語思考的事情，特地轉換成日語再說出來。

這正是**為了向他人傳達思想而進行的語言轉換**。

本章接下來要闡述的內容，就是把「思想」與「自己理解的事」化作言語傳達給他人的訣竅。

整合思考

請回想研討會、講座、電影或
旅行時的回憶並嘗試思考看看

說出來的話
腦袋裡想的事（以研討會為例）
非常棒喔。
尤其是……
研討會會場的模樣
天氣
講師是這樣的人。咦？他叫什麼名字？當時有寫在白板上。這是很有趣的講座。內容淺顯易懂，尤其是那個部分……
前往的路線
歸途去吃東西

為了傳達給他人，先在腦袋裡整理一遍

例題 1

請說明你喜歡的電視節目。

例題 2

請說明你現在從事的工作內容。

22 傳達想法給他人時要挑選用詞

簡單易懂

電視節目裡的時事評論家或政治人物在發表評論時，出現了艱難的詞彙，你根本聽不懂，結果到後來連整件事的內容都搞不清楚，你有沒有這種經驗？

若是不明白詞彙的意思，語意就無法正確傳達。

也就是說，縱使是傳達者本身非常了解的用詞，聽者也有可能完全聽不懂。

傳達想法給他人，在挑選用詞時，**重要的是要選擇連小學生也懂的詞彙**。

這絕對不是瞧不起對方的意思。

這個作法的用意是「把說明的對象假設為小學生，藉此讓傳達的內容變得淺顯易懂」。

由於目的是要把想法傳達給他人，所以最重要的，就是不需要使用困難的詞彙或說法去修飾。

在質疑對方的理解力之前，要先確認自己在傳達想法時，是否挑選了合適的用詞。

數據具有說服力

另外，數據擁有非常強的說服力。

舉個例子，「日本的拉麵愛好者很多。我問身邊的人，幾乎沒有人討厭拉麵」，與其那樣說，不如像以下這樣傳達，還比較能增加「拉麵愛好者很多」的說服力：

以「你喜歡拉麵嗎？」為題的問卷，在調查約四千人以後所得到的結果，回答「非常喜歡」、「喜歡」、「普通」的人，合計起來高達全體的七十八%。

相反的，調查結果顯示回答「討厭」或「非常討厭」的人合計起來也不滿一%。

換言之，似乎有很多日本人都是拉麵愛好者。

誰都能輕鬆想像具體的數據事例，**就能有效表達共通的概念、知識與設定等等**。

邏輯思考的要領4
「數據」與「情感故事」能幫助理解

請閱讀以下的文章。

「國土交通省（譯注：相當於交通部與建設部）在二〇一四年發表的數據顯示，搭乘汽車時繫安全帶與否，對事故發生時的致死率有很大的影響。

根據此數據，未繫安全帶的乘客致死率比繫安全帶者高出十四・三倍。

以不同的座位來看，駕駛座的致死率為五十六・五倍，副駕駛座為十五・二倍，後座為四・八倍。

雖然現在駕駛座與副駕駛座的乘客繫安全帶比率有將近一〇〇%的水準，但是後座的乘客繫安全帶比率，在一般道路只達三十六%，高速公路等道路也只有七十一・八%。」

以上是用數據正確地陳述事實。

這種方式確實易於理解，也傳達出安全帶的重要性。

但是，如果更加強調安全帶的重要性，以下這種重現短劇相當有效，實際上也是經常被採用的手段。

「孩子之前一直想要去遊樂園玩，今天總算能去了。兩個小孩就坐在汽車後座，但是在前往遊樂園的路上遭逢車禍。由於兩個小孩沒有繫安全帶，所以都傷重不治。當時要是有繫安全帶的話……」

這跟前面的例子不同，數據一次都沒有出現。

但是，這段情節具備重現的效果，坐在後座的乘客一定會繫上安全帶吧。

這是因爲人腦若是對一件事產生情感觸動，就更容易記住那件事。

訴諸情感並搭配數據，比起只有數據資料的說明更能觸動情緒，所以更容易讓人理解並牢記。

23 先傳達結論

人們想要盡快知道結論

在商業場合**建議先說結論**。

首先請看以下的例子。

橙公司的Y與M原本要在今天下午兩點到黃公司開會，但是到了下午兩點十五分，他們都還沒出現。

黃公司的負責人A打電話去確認狀況，並向原本要參加會議的上司報告。

「關於今天下午兩點的會議，我跟對方聯絡後，對方說Y及M今天突然有軟體方面的問題要處理，似乎是急件。他們已經先跟我們公司的櫃檯人員說過了，但是這件事沒有傳達到我這裡。要是我也向櫃檯人員確認一下就好了……Y與M預計會在下午三點前抵達。」

上司聽了A的報告後，到底會有什麼想法？

大概聽到一半就想知道結論，心想：

「所以他們到底什麼時候會來？」

將結論與理由組合在一起

如果報告內容像以下這樣，應該就清楚多了，也會讓人覺得報告者的思考具有邏輯性。

「關於今天下午兩點要在公司開的會議，我跟對方聯絡後，他們表示會在下午三點前抵達。Y與M今天突然有軟體方面的問題需要緊急處理，雖然他們已經告知櫃檯人員，但是這件事並沒有傳到我這裡。」

尤其對於忙碌的商業人士來說，先傳達結論通常比較能讓對方快速理解內容。

另外，**將結論與理由組合在一起傳達，能讓傳達的資訊變得簡潔易懂**。

不過，也不是沒頭沒腦地先說結論就可以了。

請依據不同的狀況，適當地運用這個方式吧。

從結論說起，比較能讓對方理解

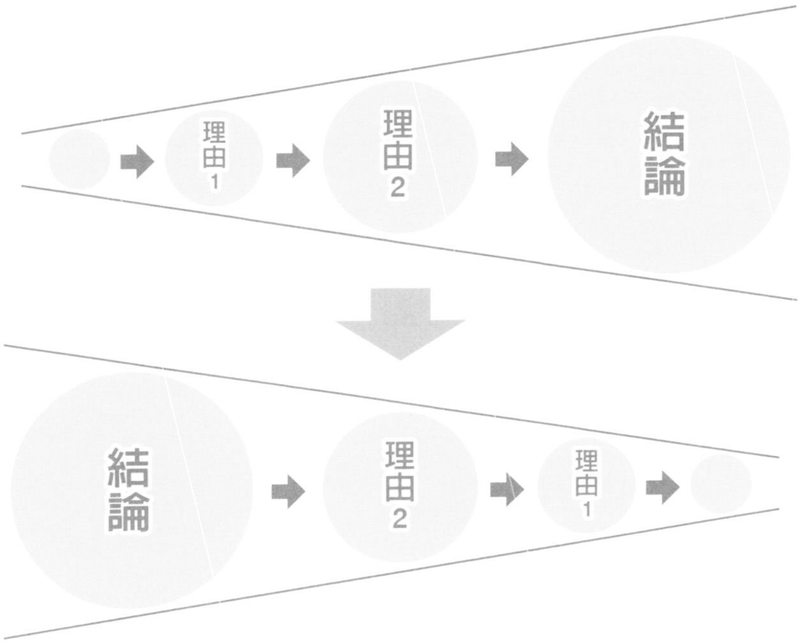

如果改成從結論開始說起呢？

例題

假設有人前來諮詢：「我們想要提升網站的點擊數，也想知道數字預估能有多少成長。」對此，你回覆了以下的簡短報告。

「我看了貴公司的網站。本公司的SEO策略（用搜尋引擎吸引用戶）有這些項目，A、B與C。本公司採用○X系統，能吸引用戶的關注。最後預期貴公司網站的點擊數會成長兩成喔。

試著將這段話改成從結論說起吧

解答範例 「我看了貴公司的網站。我判斷本公司的服務，能讓貴公司的網站點擊數成長兩成。第一個理由是本公司的三種SEO策略，A、B與C。加上○X這種系統，更能提升貴公司網站的認知度。」

邏輯思考的要領5

只要視覺化，就能增加說服力

A想要預約熱門的觀光巴士，於是他點開了巴士公司官網的預約網頁。

網頁上寫的空位資訊如下：

「○月×日△點出發的巴士，其空位狀況如以下。

目前的空位有：第1排的B席與E席；第2排的B席、C席、E席；第3排的E席；第4排的A席、B席、E席；第5排的B席、C席、E席；第6排的B席、E席；第7排的C席、D席、E席；第8排的C席、D席、E席；第9排的B席、C席；第10排的A席、B席；第11排的C席、E席。」

這樣的文字敘述無法讓人想像呢！

那麼，試著做成下一頁的一覽表吧。

空位是白色，已預約的座位則是藍綠色。

這樣的話，一眼就能了解空位的狀況。

舉個例子，如果有人要求你「請整理出二〇〇〇年至二〇一〇年之間，年銷售量排行前五名的歌曲」，你會怎麼做？

應該會毫不猶豫地做成一覽表吧。

另外，如果列車時刻表不是表格，而只是文字與數字排列的話，那樣會如何呢？可以想像很難看得懂。

不論是巴士或電車的座位表，在整理時都有兩個依據項目。

巴士的座位表是排與A至E席；年銷售量前五名的歌曲則是年份與排行；電車時刻表則是小時與分鐘。

比起用文字以直行的形式書寫，製成圖示的視覺化方式還比較清楚易懂。

另外，展示問卷調查結果等資料的時候也是一樣。

顯示數字規模時，也是做成圖示比較能讓人以視覺方式了解數字規模。

比方說，只看一眼就發現淺綠色面積很大，便能知道淺綠色的部分最多。

像這樣積極地運用圖示與圖畫，有時候就能讓資料變得格外容易理解。

只要視覺化就能讓資料變得簡明清楚

在優先重視「理解程度」的情況下，只要藉由資料視覺化讓讀者看一眼就能了解，便有利於傳達。

看一眼就能了解空位資訊

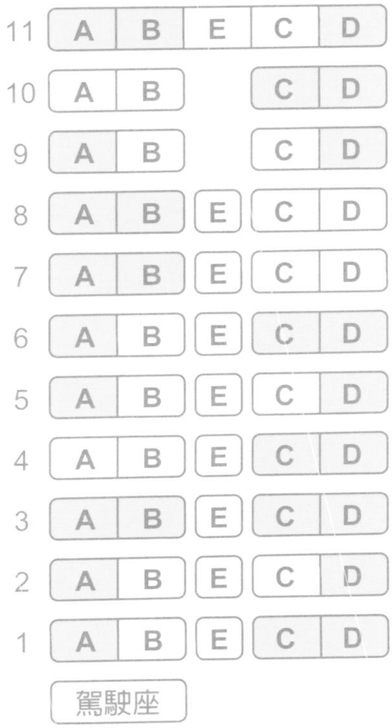
11 A B E C D
10 A B C D
9 A B C D
8 A B E C D
7 A B E C D
6 A B E C D
5 A B E C D
4 A B E C D
3 A B E C D
2 A B E C D
1 A B E C D
駕駛座

看一眼就能知道問卷調查的結果

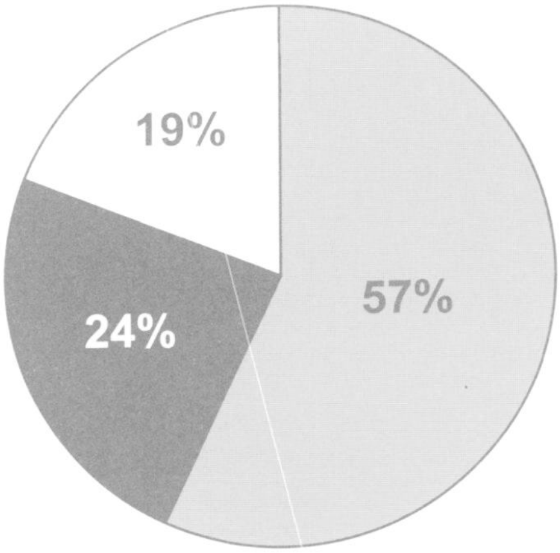
19%
24%
57%

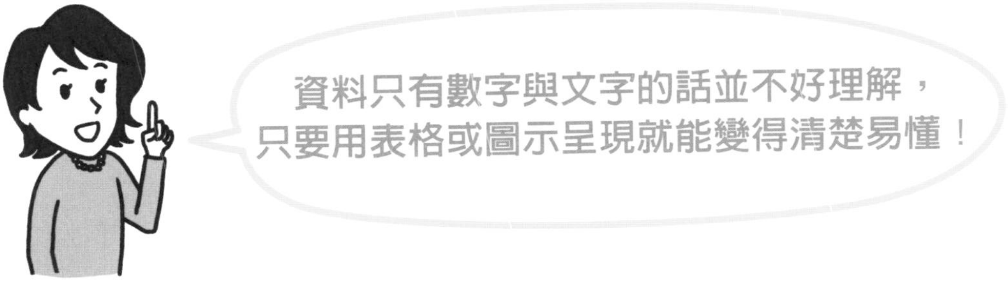
資料只有數字與文字的話並不好理解，
只要用表格或圖示呈現就能變得清楚易懂！

24 在談話時運用具體事例

提出實際發生過的事

比方說，假設有人這樣告訴你：

「○○這個人很冒失。」

但是光是這樣，應該會讓人覺得「哪裡冒失？為什麼？」。

這時候，就要舉出實際發生過的例子，才有助於理解。

「之前我跟○○一起去餐廳吃飯，結果他做了這種事。」

假設敘述者補充了實際發生過的事例，聽者應該會覺得「原來如此，這個人確實很冒失」，並加以認同。

這就是**具體事例的力量**。

縱使○○的行為實際上並沒有那麼冒失，但只要敘述者能讓聽者覺得「○○也有冒失的一面」，具體事例就會具有說服力。

傳達想法時要有自信

假設你現在去參加記憶訓練的講座。

如果該講座的講師顯得非常沒有自信，說話很小聲、語速又快，你會有什麼想法？

應該會覺得「這個人真的懂嗎？他是不是很緊張？說話又快又小聲，讓人聽不清楚也聽不懂」。

向他人傳達事情時，要抱持自信，說話從容不迫，這樣比較能讓對方產生好感，也比較能讓對方理解自己想要表達的內容。

為了讓自己具備自信，對於自己要說明的事情也必須具有某種程度的理解。

因為加深理解能帶來自信，所以自然就能侃侃而談，說話語調也會跟著改變。

這樣就能讓他人產生**「這個人很了解這件事」**的安心感。

先說林，再說樹

各位知道「**見樹不見林**」這句話嗎？

（譯注：類同「一葉蔽目，不見泰山」）

這句話用以比喻人為事物的小細節所迷惑，進而無法看清楚整體。

就像這句話一樣，在說明某件事的時候，如果只關注樹木，就無法掌握整體，讓表達內容變得難以理解。

說話時，要先表達整片森林大概有多大、是什麼樣的森林，接著再轉移至樹木的話題吧。

邏輯思考的要領❻

先傳達整體情況，有利於充分理解

我舉一個例子。

花子偶然經過一間麵包烘焙教室，她莫名產生了興趣，便進去看看。

今天剛好是講座期別轉換的日子，倘若從今天開始上課的話，等於是新課程的第一堂課。

花子立刻報名參加了第一堂課。

第二堂課是下週的週四。

花子在回家的路上突然想到：「這個麵包烘焙講座總共有幾堂課呢？」

她詢問後，得知總共有八堂課。

「今天上完了八堂課其中的一堂呀。一週有一堂課，所以大概要上兩個月。」

如果她沒有詢問，依舊處於不知道總共有幾堂課的狀態中，隨時都會不安地想「現在上到哪個階段呢」、「還要上幾次才會結束呀」，而且這樣也很難安排預定行程。

在商業場合也一樣，傳達「整體情況」、「今天的主題」、「目標或終點」，就能讓人更容易想像。

「計畫說明大約要花十五分鐘。」

「重點有五個。」

「接下來要寫三十行左右的案子。」

「今天的課程大概會從教科書的三十頁到四十五頁。」

「這次要解說○×。」

工作同理，倘若不清楚整體狀況，就無法得知現在的進度。如果看不到終點，幹勁也無法提升，導致工作散漫拖延。

先傳達整體情況或今天的主題，對於對方來說會比較容易理解，也比較能夠進入狀況。

25 用其他說法增加說服力

借助他人的說服力

如果在眾人面前演講，總是會讓人緊張吧。

我們往往覺得「自己很緊張，別人會看得出來」。

但是，實際上並非如此。

緊張感不像自己所想的那麼容易傳達給他人。

讀到這裡，你有什麼感受？

或許你心想：「喔，是喔。也許你是這麼想，但是我真的會非常緊張，所以別人一定看得出來」。

「這種現象叫作『鎂光燈效應（Spotlight Effect）』。用白話來說，就是自我意識過剩。」如果有人這樣告訴你，你又會有什麼感受？

你是否會轉變想法，認為「**既然這是一種常見的心理現象，或許我的緊張感真的沒那麼容易被識破**」。

偉人名言容易被一般人接受

愛迪生有一句名言為「天才是一分的靈感，加上九十九分的努力。」。

有所成就的偉人所說的話，具有非常強大的說服力。

但是，這句名言真正的意思是「不論再怎麼努力，要是少了一分的靈感，做什麼都沒有用」。

如果這樣講，應該會讓人覺得「什麼嘛，如果不是天才，努力根本沒有用嘛」。

但是，這句名言的含意也可以這樣表達：「努力本來就很重要，除此之外，一分的靈感也很重要。倘若不努力，或許靈感就不會出現。」

偉人的話也一樣，不同的詮釋方式會有不一樣的效果。

這個例子就是**借助他人的說服力**。

當某件事有了名稱，人們就會將之理解為「其效果為世人所認同；是一種定論」，所以就比較容易接受。

除此之外，借用某領域的權威所說的話，也是不錯的說服方式。

運用諺語或名言讓對方認同

只是敘述事實或想法
➡容易讓他人覺得「真的是這樣嗎？」

說明時加入諺語、名言或著名軼事等等
➡容易讓他人覺得「真的是這樣呀！」

發揮強大的說服力吧

例題

團隊正針對一個案子，猶豫「到底要不要做？該選哪一個才好？」如果你必須說些什麼話，好讓團隊有動力去做，你會如何表達？

使用諺語主張「做吧！」

所以就做吧！

解答範例 「不是都說『打鐵要趁熱』嗎？所以就做吧。」

運用著偉人名言主張「做吧！」

所以就做吧！

解答範例 「塞內卡（Seneca）曾經擔任過羅馬帝國皇帝的家庭教師，他有一句名言是『不是因為事情困難才不想做，而是因為不想做才顯得事情困難』。所以就做吧！」

※ 此外，還可以引用某領域專家的論述，或是成功人士的行為或言論：也可以運用自古流傳至今的風俗習慣（老奶奶的智慧等）或民間傳說等等。

問題13

〈3個理由〉為什麼這樣比較容易理解？——思考「背後的原因」

20分鐘

為什麼是「3個重點」？

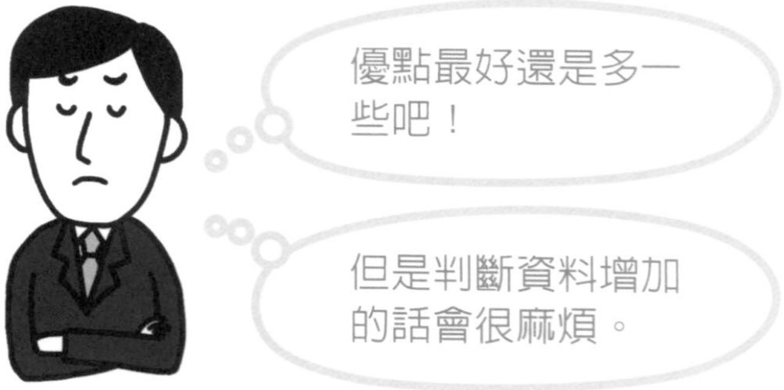
優點最好還是多一些吧！
但是判斷資料增加的話會很麻煩。

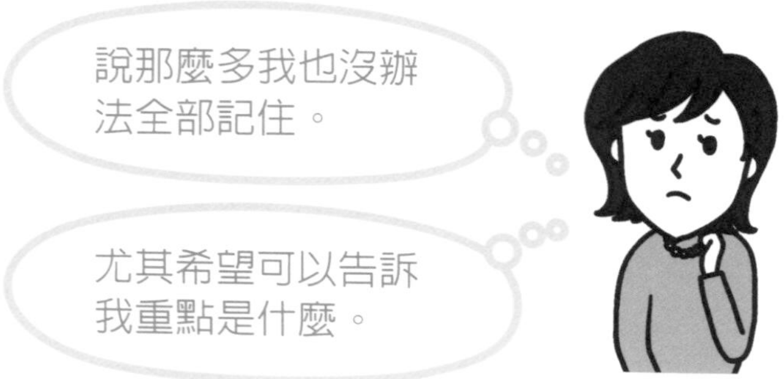
說那麼多我也沒辦法全部記住。
尤其希望可以告訴我重點是什麼。

的確，或許有3個左右即可。

↓

其理由為何？

「其理由有三個。」

「有三個重點。」

我們經常聽見像這樣的句子。

即使理由可能有一個或一百個，但是一般所見所聞差不多都是三個。

為什麼呢？

舉例來說，假設你需要說明某項服務，而該服務可以講出五十個賣點或三個賣點，哪一種比較好？如果賣點是一個或三個，介紹哪一種比較好？請你盡量用具有邏輯性的方式去比較一下。

為什麼是三個呢？我認為其背後有各式各樣的理由。

請試著思考看看。

哪一個是重要的理由？

請舉出1種你喜歡的零食，並列舉出20個你喜歡的理由。

列舉出許多理由後，應該會逐漸覺得每個理由都不重要。
如果把理由統整成3個左右，聽者應會覺得這3個理由都很重要。

這個問題的思考方式

我想要列舉幾點可能的理由。

(1) 因為三是不會過少的最低底線

如果是一、兩個理由，總覺得莫名欠缺說服力。

三個才有說服力增強之感。

(2) 數量太多會讓人無法理解

「很多人都認同這個理由！」就像這樣，如果有一個具衝擊性的理由，或許是最好的狀況。

如果有四個還可以理解，但如果增加至八個或九個，就會逐漸讓人覺得莫名其妙。

(3) 如果數量很多，個別的重要性就會降低

假設某零食製造商的會議室裡聚集了十個人，大家根據某款產品舉出一百個優點。之後，再重新看這一百個優點，就會覺得每一個都不重要。

人們一次只能研究大約三個項目，數量再多的話，大腦就無法掌握。

問題 14

〔起司的種類〕

如果要指出問題，該怎麼做？——思考「視角」

20分鐘

沒有根據就無法獲得認同

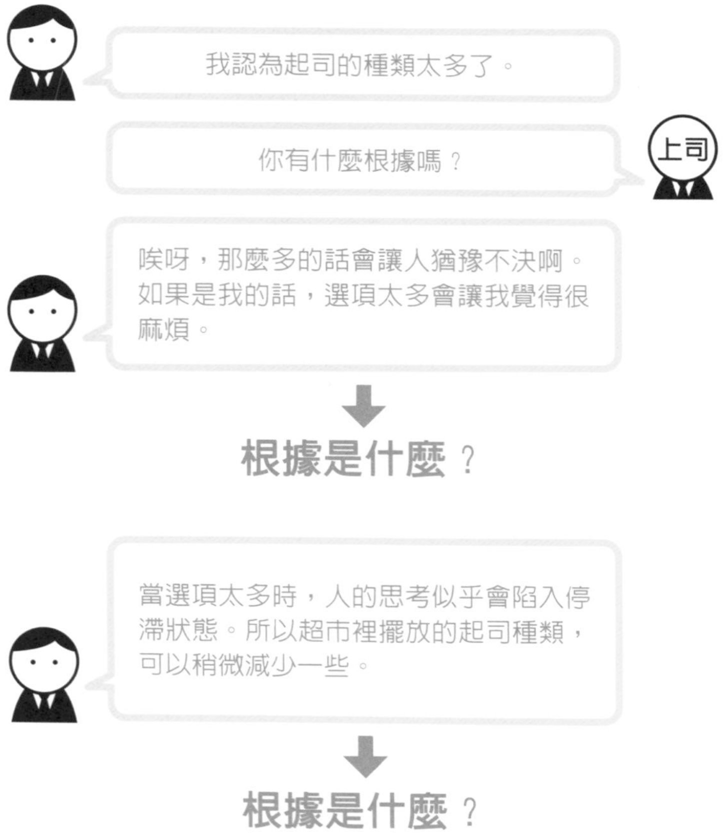

我認為起司的種類太多了。
你有什麼根據嗎？
上司
唉呀，那麼多的話會讓人猶豫不決啊。如果是我的話，選項太多會讓我覺得很麻煩。
根據是什麼？
當選項太多時，人的思考似乎會陷入停滯狀態。所以超市裡擺放的起司種類，可以稍微減少一些。
根據是什麼？

A的公司經營一家超市。

有一次，A思忖超市裡的起司種類是否太多了。

於是，他針對這件事跟上司討論，對話如上圖。

A覺得想法依據不足，提出了左頁上圖的實驗數據作為根據。

現在我再針對左頁的美國實驗，介紹得稍微詳細一點。

這款果醬的研究，由哥倫比亞大學商學院的希娜·艾恩嘉（Sheena Iyengar）教授等人進行。

根據站得住腳嗎？

我認為起司的種類太多了。

美國有一項果醬實驗，當店家同時販售6種果醬時，有30%的顧客購買了果醬，這個銷售數字是同時販售24種果醬的10倍。

意思就是減少選項比較好。所以，就把〇X超市的起司種類控制在6種吧！

這項根據正確嗎？

從這項實驗，可以得到「選項太多會讓人無從選擇」的結論嗎？

實驗團隊在美國的超市設置了果醬試吃攤位，並在那裡販售果醬。

最先是販賣二十四種果醬，經過了數個小時，就換成只販售六種。

她們重複這個作法好幾次，並觀察顧客的反應。

結果發現，販售六種果醬時，有百分之三十的顧客會購買；擺出二十四種果醬時，只有百分之三的顧客會購買。

將種類減少至四分之一，銷售額就增長十倍，因此可知，「選項太多會讓人無從選擇」。

各位對這項實驗有什麼想法？

請仔細思考一下。

另外，請嘗試對這項實驗的結果提出「三個問題」，當作邏輯思考的練習。

實驗物品只有果醬

問題1：這是果醬的實驗吧？

廣告公司：原來如此，由於有10倍的銷售效果，所以「選項多就無從選擇」是事實。既然如此，那麼廣告標語就想3個吧！

甜甜圈店：雖然我在經營甜甜圈店，不過既然那個實驗研究這麼說，我就把現有的30種，篩選到銷售最好的7種吧！

超市的管理人員：6種的銷售量是24種的10倍呀。好，那就下定決心，把現有的24種杯裝泡麵改成6種吧！

若不好好記住這是用果醬所進行的實驗，別提說服他人，說不定別人還會以為你是被奇怪數據欺騙又欠缺邏輯思考力呢！

這個問題的思考方式

問題1：這是果醬實驗吧？

這只不過是果醬的實驗。

的確，如果是果醬，或許實驗結果對起司而言也適用。

但是，上圖的例子又是如何呢？

應該會覺得「不論是廣告標語、甜甜圈或杯裝泡麵，種類都太少了吧」。

以這些例子來說，商品種類有二十四種，會比六種好太多了。

嘗試思考一下，會產生這種感受的理由吧。

進行廣告標語的提案時，應該會想要有各種方向，像是用簡明易懂的方式直接傳達事實的標語，或是訴諸情感的標語、用意外感引起興趣的標語，又或是以吸引人的詞句一決勝負的標語等等。

前往甜甜圈店消費的顧客，明明想要在各式各樣的甜甜圈中，挑選自己喜歡的口味，但是種類突然從三十種減少為七種，顧客應該會大失所望吧。

根據站不住腳

問題2：這是美國的實驗吧？

A的起司例子也一樣，如果這是發生在法國的超市，別人應該會覺得「把起司減少為6種是在想什麼？！」。
如果要減少種類的商品是美國穀物脆片，或是日本的生魚片與壽司，其情況也是一樣的。

問題3：因為是超市，所以才會有這種結論吧？

實驗時所販賣的果醬應該很便宜，販賣6種果醬時，銷售額是有可能提升的。
然而，販賣24種果醬時，超市的場所性質可能讓顧客在經過攤位時，沒注意到就忽略了。

因此，

藉由實驗與統計得出的數據雖然擁有很強的說服力，但是使用方式若是有誤，可能就會變成奇怪的論證。

杯裝泡麵只有六種口味也太少了。醬油拉麵、味噌拉麵、豚骨拉麵、日式炒麵、日式炸豆皮烏龍麵、咖哩烏龍麵、炸麵衣蕎麥麵……光是這些就已經超過六種了。

問題2：這是美國的實驗吧？

實驗是在美國進行。如果在日本進行這項實驗，也有可能出現不同的結果。地點若是改變，情況也會隨之變化。

問題3：因為是超市，所以才會有這種結論吧？

這項實驗的進行地點在超市。如果在果醬專賣店進行實驗的話，也許會有相反的結果。因此，將該實驗結果草率地套用在甜甜圈或咖哩專賣店是不對的。

問題15

〔宣傳活動〕該怎麼做才能提出「簡明易懂的說明」？

——用「條列」思考

15分鐘

為什麼不容易懂？

宣傳活動預計從10月2日開始。
我們準備3000組「輕鬆除塵棒亮晶晶 2支裝」，到時候要在活動期間發送。
也就是說，不是平常販售的10支裝組合，我們必須製作宣傳活動用的2支裝組合。
宣傳活動結束後，要以九折的價格販售一般的「輕鬆除塵棒亮晶晶10支裝」，吸引在活動期間覺得「商品不錯」的消費者購買。
準備2支裝組合時，必須在袋子裡放入迷你傳單，傳單內容是提醒消費者購買10支裝組合將有優惠。
宣傳活動會進行兩週，到時候會在超市發送樣品。

在公司的內部會議，S開始說明「輕鬆除塵棒亮晶晶2支裝」的宣傳活動企畫案，內容如上圖。

S自認為已經把想要傳達的事情全部說出來了，而且認為用自己的方式將說明統整得很好。

可是，這個說明有很大的缺點。

之所以無法以具邏輯性的方式傳達，應該沒有在腦袋裡確實整理內容吧。

S的說明讓人覺得很難理解。

其原因是什麼呢？

用「時間序列」思考就變得簡明易懂

活動前

- 準備3000組「輕鬆除塵棒亮晶晶 2支裝」
- 在袋子裡放入迷你傳單，傳單內容是宣傳購買10支裝組合將有優惠。

↓

活動期間

- 宣傳活動期間是從10月2日起為期兩週
- 將在超市等地方發送樣品

↓

活動後

「輕鬆除塵棒亮晶晶 10支裝」將以九折優惠價販售

這個問題的思考方式

一如上圖的模式，用時間序列把該做的事情條列出來就變得清晰易懂。

舉個例子，有一齣以醫療為題材的電視劇或電影如下，其時間序列相當混亂，這樣的戲劇播出的話，你看了會有什麼感覺？

1 開場
2 病患A接受手術的場面
3 主角（醫生）正在看病歷及檢查影像的場面
4 病患A販售商品的場面（病患的工作情景）
5 病患A覺得感動的場面
6 主角與病患A第一次見面的場面
7 病患A病倒的場面
8 結尾

看了以上的時間序列，應該會覺得一點都不有趣，而且讓人完全搞不清楚狀況。

「注意時間的先後順序」也是追求簡明易懂的一種方式。

問題16

〔樹狀圖〕什麼樣的筆記才易懂？

——用「思考工具」思考

30分鐘

有些人在演講或主持講座時，會朗讀事先準備好的演講稿，有些人則是在腦中構築內容，然後臨場發揮。

哪一種方式呈現出來的演講內容比較容易理解呢？

應該是當場在腦中構築要說的話吧。

但是，當自己實際在眾人面前說話時，就會想帶著事先做好的小抄。

這時候，我推薦上圖的分枝樹狀圖。

不用文字敘述的小抄，而是畫成通達終點的簡單樹狀圖，再帶去做簡報、講座或演講。

將「思想」畫成樹狀圖吧

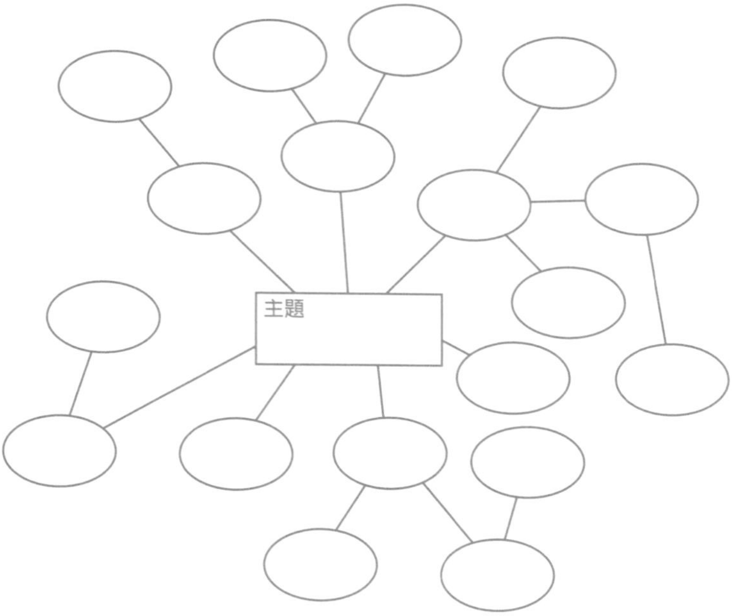

「不該寫這種事情。」

「我的字很醜，只有自己看得懂。」

「不知道這個跟主題到底有沒有關聯，所以不能寫。」

「這個想法很幼稚。」……直接寫下來會比煩惱這個、擔心那個更重要。

心智地圖能運用在商業上

以視覺方式表現演講流程

預防演講時忘詞或突然想不起要說的內容，可讓演講內容的流程一目了然。如果寫成文章，往往會變成念稿而令人難以理解，若畫成心智地圖，就能用自己的話說出來。

這種思考工具就叫作「心智地圖（Mind Map，又稱『心智圖』）」。

只要有這樣的小抄，也就不必一字一句地追著文字看，既能自由轉移視線，也能清楚知道要說的內容。

比起文章小抄更有利於讓自己知道要說什麼，請各位嘗試看看。

畫法自由，可以使用多種顏色，也可以增加關鍵詞句，還能加入圖畫。

重點是必須親自統整。

在整理內容的同時，思考也會逐一統整，線、圖畫與關鍵字代表什麼意思，都可以在書寫及描繪時，在腦袋裡記住。

只要自己看得懂即可，所以不必拘泥形式，隨心所欲。

商品開發的繪製範例

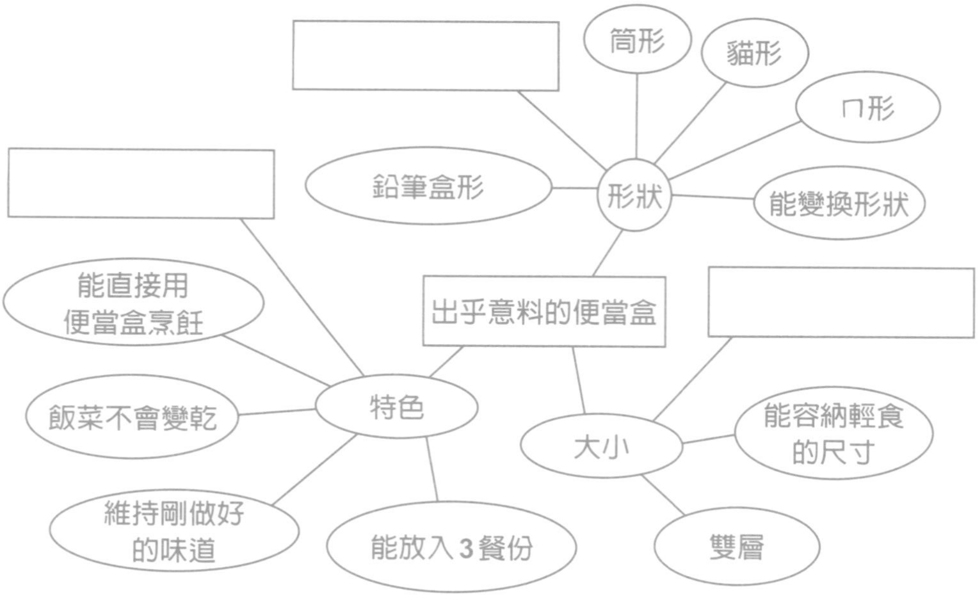

暫時忽略實際的可行性，盡可能把想法寫下來。不論是用圖畫或狀聲詞表現都可以。
藉由這種作法，可避免思考一直在原地打轉，或是不小心忘記想到的事，而且手腦併用，還能活化腦部。

我們來嘗試繪製一張心智地圖吧。

上圖是在發想新商品時，運用心智地圖的範例。

請試著在空格裡填入你的想法。

也可以增加新的分支。

若不把想到的事情寫下來，很快就會忘記，所以把心智地圖當成寫筆記的工具，運用起來可是相當便利。

就像這樣，想把腦袋裡的事情陸續寫出來的時候，也可以利用心智地圖。

撰寫演講稿的時候，可以把心智地圖當作寫出點子的便利工具，不過它還有另一個使用方式。

那就是把心智地圖當作加深理解的工具去運用。

左頁是統整《三隻小豬》故事的心智地圖。

統整可以加深我們的理解程度，之後再看時也一目了然。

透過書寫繪製加深理解

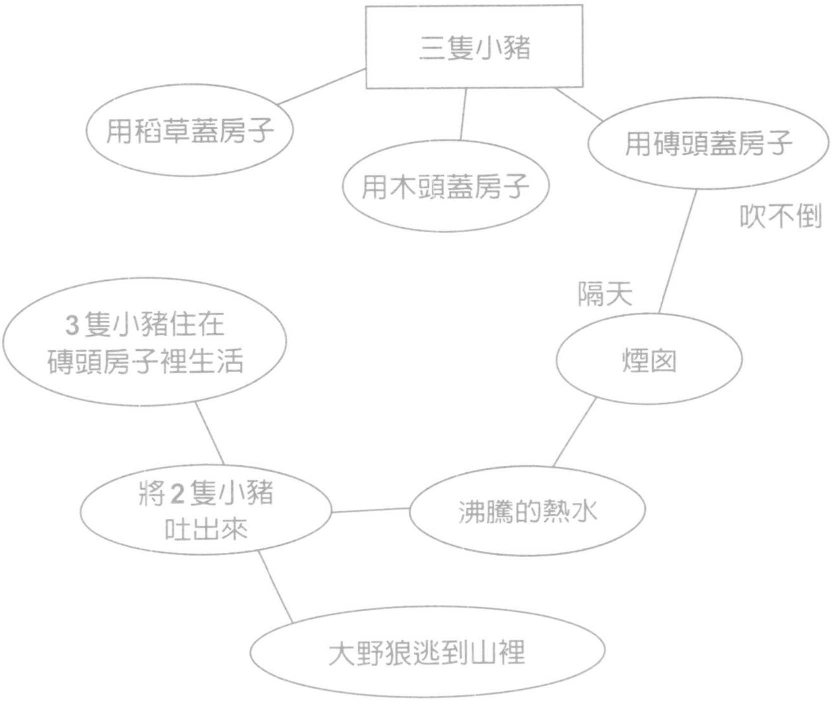

例如一邊看故事，一邊寫出關鍵字或句子，有關聯的地方就用線連起來，藉此讓整個故事的過程視覺化。

《三隻小豬》的概要

從前，在某個地方有「三隻小豬」。

他們各自蓋了家，大哥用稻草蓋房子，二哥用木頭，弟弟則用磚頭。

之後，住在山裡的邪惡大野狼想要吃掉這三隻小豬，就前來小豬的居住地。大野狼輕鬆破壞了稻草屋並把小豬大哥吃掉，再把木頭蓋成的房子弄壞，又吃掉了小豬二哥。

接著，大野狼想吃掉剩下的弟弟，便來到了那棟磚頭房子前，但是沒想到磚頭堅不可摧。

大野狼絞盡腦汁，決定試著從煙囪闖入，卻掉入煙囪正下方的大鍋子裡，裡頭正燒著沸騰的滾水，於是大野狼就舉白旗投降了。

最後，大野狼把吃掉的兩隻小豬吐出來以後，就逃到山裡去了。

《稻草富翁》的故事

從前，有一個很窮又很倒楣的男人。

這個男人向觀音娘娘許願，然後觀音娘娘這麼告訴他：「等一下你拿著第一個得到的東西往西邊前進。」

男人正要離開寺廟時，不小心跌倒了，跌倒時他抓到了一根稻草。於是，男人按照觀音娘娘的囑咐，拿著稻草上路。

途中飛來一隻馬蠅，他就把馬蠅綁在稻草的尖端上，之後繼續前進。

接著，男人在路上碰到一個小男孩，這男孩想要那根綁有馬蠅的稻草，於是男人就給了他。這時候，小男孩的母親便給了男人三顆橘子。

男人繼續前行後，在路邊發現一個女子，看起來身體不適，似乎是口渴了。那女子想要男人的橘子，於是就用漂亮的布匹交換。「一根稻草變成了漂亮的布匹。」男人很高興，便繼續西進。

接著，他遇見一位武士帶著一匹無精打采的馬。武士表示急於趕路，但是馬不肯走動，讓他很困擾。接著，武士想用馬跟男人交換布匹。男人用布匹換來那匹馬以後，便好好地照顧馬，於是馬就恢復了精神。

男人再繼續西進，他看到了一間大房子。屋主看到那匹漂亮的馬，對他說：「我即將要出發去旅行，所以需要這匹馬。我可以用這間房子跟你交換嗎？」接著又說：「如果我這幾年都沒回來的話，房子和田地就直接讓給你了。」語畢，屋主就離開了。

最後，屋主並沒有回來，於是男人就變成了大富翁。

繪製心智地圖能整理腦袋裡的想法。

首先，不管你想到什麼，都請先直接寫下來。

格子不夠的話就任意增加吧！

以運用在演講稿為例，最重要的是「繪製自己容易理解的樣貌」。

不必在意自己畫的心智地圖對他人是否容易理解。

繪製時，理應會掌握到適合自己的繪製方法與訣竅。

上面這篇文章是《稻草富翁》的故事。

現在，假設你要在眾人面前講述《稻草富翁》，請將心智地圖繪製出來。

這樣一來，你應該會感受到大腦整理了這個故事，並加深了自己的理解。

為了讓思考有條有理，偶爾運用這樣的工具也很有趣吧。

將《稻草富翁》繪製成心智地圖吧

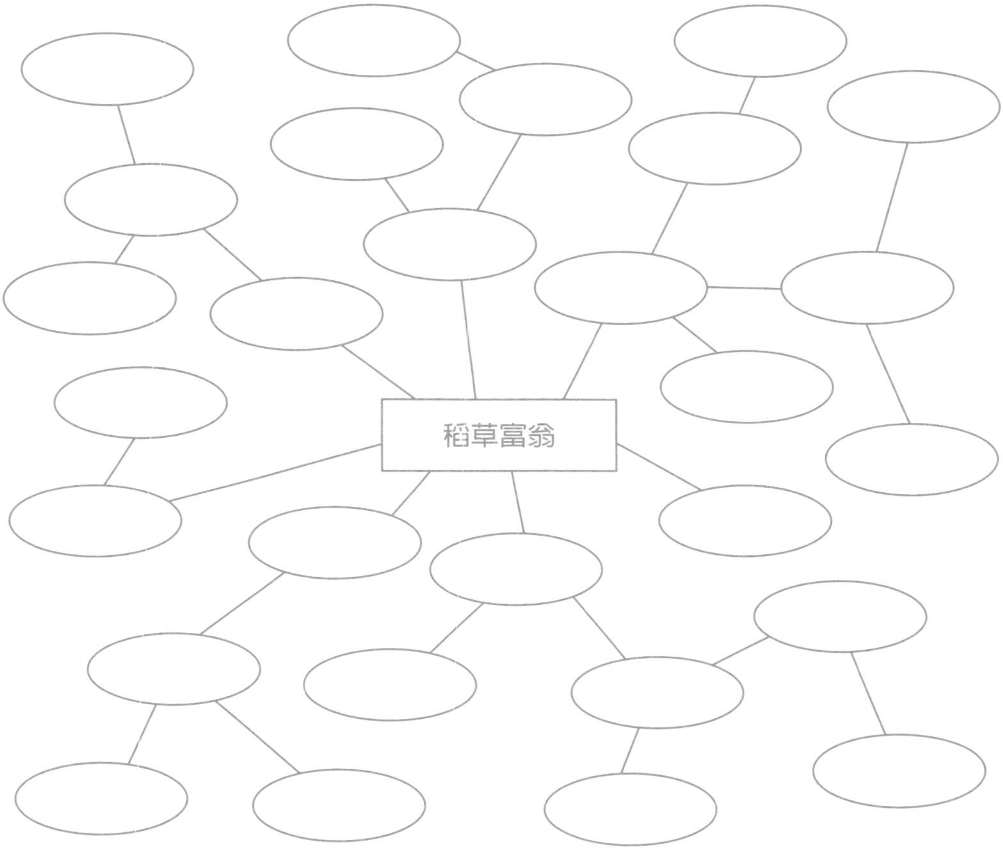

本書是邏輯思考的入門書，前面撰寫了各式各樣的觀點，各位讀者讀了之後有什麼感想呢？

人，只要還活著，就必須面對日常生活中的無數選項，並且不斷地作決定。

在那些情況下，倘若自己懂得邏輯思考的方法，就能夠迅速下決定，選擇當然也會變得輕鬆，就連思考這件事都會讓人覺得很開心呢。

邏輯思考（logical thinking）並沒有想像中那麼困難，它是一種能讓事物變得更容易理解的思考方式。如果能讓各位稍微感受到這一點，我想這本書就達成使命了。

最後，請各位享受「附加謎題」的樂趣，以此作為本書的結尾吧。

附加謎題④　分房謎題

難易度★★★☆☆

請按照規則畫上牆壁、分出房間。

規則

- 房間全為四角形（長方形或正方形）。
- 格子裡的數字代表房間的格數，寫有數字的格子本身也包含在房間格數裡。
- 房間不可彼此重疊。另外，格數可以全部用完。

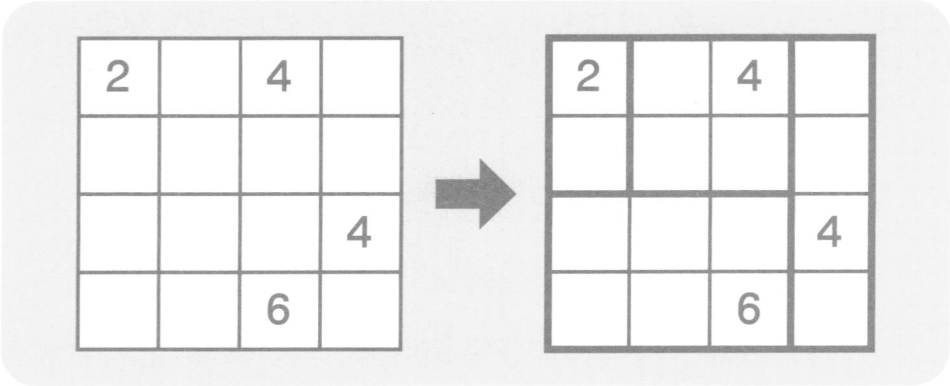

	2	6						3
4			3					
							9	
				5				
	9					3		2
			2		2			
		3					6	
			4		3			
8					5			2

解答請見第127頁

附加謎題解答

P38 ①數獨

3	4	8	1	2	6	9	7	5
2	5	9	7	8	4	3	6	1
7	1	6	9	5	3	4	2	8
1	2	4	6	9	5	8	3	7
6	7	5	4	3	8	1	9	2
9	8	3	2	7	1	6	5	4
5	3	1	8	6	7	2	4	9
4	9	7	3	1	2	5	8	6
8	6	2	5	4	9	7	1	3

提示

除了確定是這個數字的格子外，其他格子都不要先填入，這是最重要的重點。

P68 ②數迴

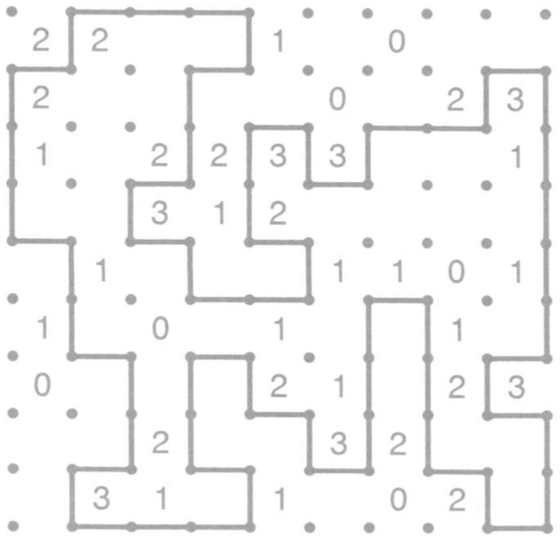

提示

先在0的周圍畫上×吧。知道哪裡無路可走時，就要立刻畫上×，請從已知的路線開始解謎。

P98 ③形狀奇怪的池塘

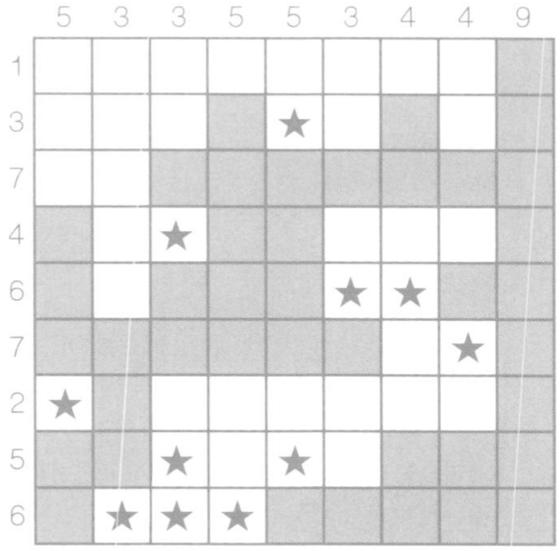

提示

解題時請不要忘記整體會連成一個池塘。從最底下的橫列開始思考，或許會比較容易理解。

P126 ④分房謎題

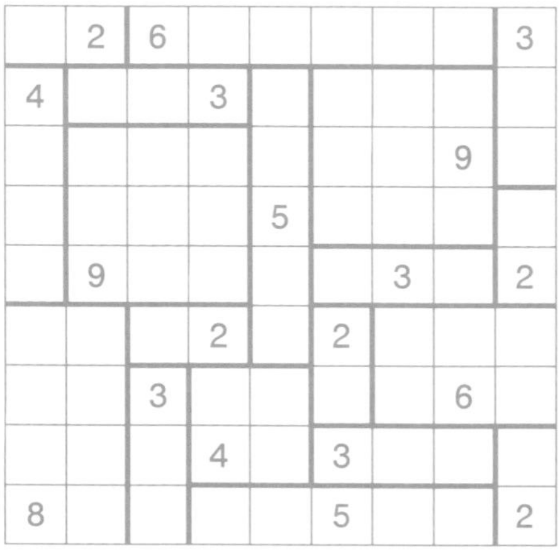

提示

從數字大的房間開始思考，就會比較容易理解。4與6的房間形狀不只一種，所以必須多加注意。

最好玩的邏輯思考練習本
——數獨、填字、謎題的遊戲玩家，簡報、提案、談判、寫文章一樣上手

作　　者——北村良子
譯　　者——郭書妤
責任編輯——王曉瑩

發 行 人——蘇拾平
總 編 輯——蘇拾平
編 輯 部——王曉瑩、曾志傑
行銷企劃——黃羿潔
業 務 部——王綬晨、邱紹溢、劉文雅

出版社——本事出版
發　行——大雁出版基地
地址：新北市新店區北新路三段207-3號5樓
電話：(02) 8913-1005
傳眞：(02) 8913-1056
E-mail：andbooks@andbooks.com.tw
劃撥帳號——19983379　戶名：大雁文化事業股份有限公司
美術設計——COPY
內頁排版——陳瑜安工作室
印　　刷——上晴彩色印刷製版有限公司
2019年08月初版
2024年02月二版1刷
定價　420元

RONRITEKI SHIKOURYOKU GA 6-JIKAN DE MINITSUKU HON

Illustrations by Keiko KITAMURA
Interior design by DIGICAL
First published in Japan in 2018 by Daiwashuppan , Inc. Japan.
Traditional Chinese translation rights arranged with PHP Institute, Inc.
through Bardon-Chinese Media Agency.

ISBN 978-626-7074-75-6

缺頁或破損請寄回更換
歡迎光臨大雁出版基地官網 www.andbooks.com.tw 訂閱電子報並填寫回函卡

國家圖書館出版品預行編目資料
最好玩的邏輯思考練習本—數獨、填字、謎題的遊戲玩家，簡報、提案、談判、寫文章一樣上手
北村良子 / 著　郭書妤 / 譯
譯自：楽しみながらステップアップ! 論理的思考力が6時間で身につく本
---.二版.— 新北市；
本事出版　：大雁出版基地發行，2024年2月　面　；　公分. –
ISBN 978-626-7074-75-6 (平裝)
1.CST:思考 2.CST:邏輯
176.4　　　　112020055